# LISTE DÉFINITIVE

## DES

## PROPRIÉTAIRES

## DE BIENS SITUÉS DANS LES COLONIES

*Qui, en exécution de la loi, ont fourni au Ministre de la Marine et* *Colonies, la preuve de leur résidence depuis le 9 Mai 1792 jusqu'* *4 Nivôse an 8, et, en outre, un certificat de non-inscription sur la Li* *des Émigrés, visé par le Ministre de la Police générale, conformément* *l'article 75 de la loi du 12 Nivôse an 6, et qui ont droit, en conséquen* *d'obtenir la main-levée de leurs séquestres.*

### SAVOIR:

| NOMS ET PRÉNOMS DES COLONS. | COMMUNES OÙ ILS RÉSIDENT en France. | COLONIES OÙ SONT SITUÉE les propriétés. |
|---|---|---|
| **A.** | | |
| ADAM (Rose), veuve de Thomas LA-SALLE. | *Paris*.............. | Saint-Domingue, canto de Limonade, plaine d Cap. |
| ADMIRAT (Anne-Constance), veuve BOUDOIRE. | *Idem*.............. | Guadeloupe. |
| ALLONNEAU (Marguerite), veuve d'An-toine-Jean-Louis PARIS. | *Idem*.............. | Saint-Domingue. |
| ANDRAULT (Pierre)............. | *Melle, arrondissement de Niort, départ. des Deux-Sèvres.* | Saint-Domingue, quartie du Mont-Louis. |
| ANDRAULT (Anne-Madeleine-Victoire-Pauline), épouse du C.en Pierre AN-DRAULT. | *Canton de Melle, arrondis-sement de Niort, départe-ment des Deux-Sèvres.* | Idem. |
| ARNAUD-MARSILLY (Nicolas)...... En règle jusqu'à sa mort. | *Bordeaux*.......... | Saint-Domingue, près le Cap-Français. |

A

| NOMS ET PRÉNOMS DES COLONS. | COMMUNES OÙ ILS RÉSIDENT en France. | COLONIES OÙ SONT SITUÉES les propriétés. |
|---|---|---|
| ⸩AULT ( Jean )............. | A l'Homaisé, canton de Verrières, département de la Vienne. | Saint - Domingue, aux Gonaïves. |
| ⸩OUS père ( Nicolas )........... | Nantes............. | Saint - Domingue, montagne de Belle - vue et ville du Port-au-Prince, et quartier de la Croixdes-Bouquets, plaine du Cul-de-sac. |
| ⸩IER ( Marie-Anne ), veuve du C.en ⸩dré FABRE, capitaine de vaisseau. | Canton de Vigeois, département de la Corrèze. | Saint-Domingue, quartier Jacquésy. |
| ⸩IER ( Marie-Claude ), veuve Denisques GLAPION. | Mortagne, département de l'Orne. | Idem. |
| ⸩OYNEAU aîné (Louis-Luc)...... | La Rochelle........... | Idem, au Petit-trou. |
| ⸩OYNEAU (Henri-Benjamin)..... | Idem............. | Idem. |
| ⸩RY ( Marie-Marguerite ), femme du Guillaume-Euzel NOMBRET. | Le Mans, département de la Sarthe. | Saint-Domingue, quartier du Grand-Goave. |
| ⸩INET ( Michel-Philippe ). | La Rochelle, département de la Charente-Inférieure. | Saint-Domingue, quartier de Saint-Marc. |
| ⸩ITEAU (Charlotte), veuve François ⸩UDIER. | Maixent, département des Deux-Sèvres. | Saint-Domingue. |
| ⸩IGNAC (Geneviève), veuve CAPPÉ. | Toulouse............ | Idem. |
| ⸩LLE ( Marc-Antoine ). | Paris.............. | Saint-Domingue, quartier du Cap-Français. |

## B.

| | | |
|---|---|---|
| ⸩IN aîné ( Jean-Louis-Dominique ).. | Brest, département du Finistère. | Saint-Domingue. |
| ⸩HELER ( Pierre-David )........ | Havre............ | Idem. |
| ⸩ON ( Claudine-Pauline-Laurence ), ⸩me BEAUNAY. | Paris............. | Idem. |
| ⸩ON (Catherine ), femme PIQUEPÉ. | Toulouse, département de la Haute-Garonne. | Caïenne. |
| ⸩ON ( Charles ).............. | Canton de l'Herm, commune de la Casse, département de la Haute-Garonne. | Idem. |

| NOMS ET PRÉNOMS DES COLONS. | COMMUNES OÙ ILS RÉSIDENT en France. | COLONIES OÙ SONT SITUÉ[s] les propriétés. |
| --- | --- | --- |
| BAJON (Jean)............. | *Canton de l'Herm, commune de la Casse, département de la Haute-Garonne.* | Caïenne. |
| BAJON (Marie-Joseph)........... | *Idem*............. | *Idem.* |
| BALDY Adelaïde-Baptiste-Théotiste)............ ⎫ mineures. <br> BALDY M.rie Fortunée-Zoé, ⎭ | *Pellissanne, département des Bouches-du-Rhône.* | Saint-Domingue. |
| BALGUERIE ( Jean-Pierre.......... | *Canton de Fargues, département de la Gironde.* | *Idem.* |
| BALLAN ( René-Julien............ | *Paris*............. | *Idem.* |
| BALMET (Jean-Antoine-Joseph...... | *Idem.*.......... | Saint-Domingue, au rebalais. |
| BAMLET (Pierre-Louis).......... | *Idem.*........... | *Idem.* |
| BANCIO-PIÉMONT (Marie-Geneviève), veuve GIRAULT. | *Idem.*........... | Saint-Domingue. |
| BARBANCOUR (Louise)............ | *Bordeaux*........... | Saint-Domingue, Vases. |
| BARBANCOUR ( Marie-Françoise )..... | *Idem.*............ | *Idem.* |
| BARBAUX ( Charlotte-Eulalie), veuve de Jacques CORNILLAUD. | *Nantes, département de la Loire-Inférieure.* | Saint-Domingue. |
| BARBEYRAC ( Charles-Marie )....... | *Montpellier*.......... | *Idem.* |
| BARITAU ( Jean-Baptiste).......... | *Paris*............. | *Idem.* |
| BARRAULT ( Anne-Renée-Catherine ), veuve Louis DEMAISON. | *Saint-Servant, département d'Ille-et-Vilaine.* | *Idem.* |
| BARRÉ-SAINT-VENANT (Jean)..... | *Perthes, départem. de Seine-et-Marne.* | *Idem.* |
| BART ( Marguerite) la jeune........ | *Paris*............. | *Idem.* |
| BART ( Marguerite), femme du C.en NORBERT THORET. | *Paris*............. | Saint-Domingue. |
| BATAILLER ( Dominique)......... | *Bordeaux*........... | Saint-Domingue, P.[t] Républicain. |
| BATAILLER (Françoise-Alexandrine), représentée par sa mère. | *Idem.*............ | *Idem.* |
| BAYARD ( André-Joseph).......... <br> Un arrêté des Consuls en sa faveur. | ............ | Saint-Domingue, P.[t] Républicain. |

| NOMS ET PRÉNOMS DES COLONS. | COMMUNES OÙ ILS RÉSIDENT en France. | COLONIES OÙ SONT SITUÉES les propriétés. |
|---|---|---|
| ZIN ( Marie-Sophie-Adélaïde ), veuve rançois-Henri-Théodore COZETTE. | Mantes, départem. de Seine-et-Oise. | Saint-Domingue. |
| ZOUIN ( Madeleine ), veuve Jean MONNOT. | Commune de la Lamblade, département de la Charente-Inférieure. | Idem. |
| AUDOUIN (Anne), v.ᵉ Pierre-Étienne IRON. | Bar-sur-Aube, département de l'Aube. | Idem. |
| AUJOUAN père (Jean-Pierre)..... | Bordeaux ............. | Saint - Domingue , propriétaire d'une maison au Cap. |
| AUGRAY ( Jean )', représenté par le .ᵉⁿ BLANDIN. | Paris............. | Martinique. |
| AUHARNOIS (Marie-Joséphine-Rose APAGERIE ), v.ᵉ d'Alexandre-François-Marie BEAUHARNOIS, à prése t pouse du premier Consul BONAPARTE. | Idem............... | A Saint-Domingue, près Léogane. |
| AUHARNOIS (Eugène-Rose)...... | Idem............... | Saint-Domingue. |
| AUHARNOIS (Hortense-Eugénie).. | Idem. | Idem. |
| AUNAY ( Barbe-Catherine)........ | Rouen, départ. de la Seine-Inférieure. | Idem. |
| AUNAY (Marie-Françoise), veuve de ean-Antoine CAVELIER , dit la Ga-enne. | Idem............. | Idem. |
| AUNAY (Louis-Étienne-Gabriel) ... | Idem............. | Idem. |
| CHILLON ( Jean-Jacques ), officier mbarqué pour Saint-Domingue avec e général HÉDOUVILLE. Il doit jouir du bénéfice de la loi du 25 brumaire an 3, en justifiant, devant les autorités de la colonie, de sa résidence à Saint-Domingue jusqu'au moment où il formera sa demande en levée du séquestre, s'il a été mis. | Poitiers............ | Idem. |
| DOILLE ( Anne - Pélagie ), veuve LAURENT. | Paris............. | S.-Domingue, à Léogane. |
| EDOUT (Jacques)............... Certificat de service. | Lorient., département du Morbihan. | Saint-Domingue, quartier du Maribou. |
| EDOUT ( Michel)............... | Baïonne , département des Basses-Pyrénées. | Idem. |

| NOMS ET PRÉNOMS DES COLONS. | COMMUNES OÙ ILS RÉSIDENT en France. | COLONIES OÙ SONT SITUÉ les propriétés. |
| --- | --- | --- |
| BEGUE ( Marie-Louise-Guillemette )... | *Ville rentré d'Altona*.... | Guadeloupe. |
| BEGUYER ( Marguerite ), veuve de René GESLIN. | *Nantes, département de la Loire-Inférieure.* | Saint-Domingue. |
| BEILAC ( Jean )................ | *Paris*................ | *Idem.* |
| BELLANGER-DES-BOULETS ( Claude-François-Jean ). | Idem............... | Saint-Domingue, qua de l'Artibonite. |
| BELLANGER ( Antoine-Didier )...... | Idem............... | *Idem.* |
| BELLANGER ( Marie - Jeanne ), veuve JOUVE-DU-CABEUIL. | Idem............... | *Idem.* |
| BENECH ( Louise-Charlotte ), veuve de Louis-Anne PREVOST-LACROIX. | *Bordeaux*........... | Saint-Domingue, C Saint-Louis. |
| BENECH ( Louise-Jeanne-Marguerite ), femme GRANDIER. | Idem............... | *Idem.* |
| BELLON-DE-PONT ( Joseph )....... | *Paris*............ | Saint-Domingue. |
| BENTEJAC aîné ( Jean )........... | *Bordeaux*.......... | *Idem.* |
| BERGER ( Françoise ), veuve BEGOUEN. | *Havre*............ | S.-Domingue, Petit- |
| BERLAYMONT ( Louis-Auguste )..... | *Nantes*............ | Saint-Domingue, qua Morin. |
| BERNARD ( Susanne ), f.e Jean BOYRIE. | Idem............... | Saint-Domingue, qua du grand Goave. |
| BERNON ( Catherine - Françoise ), veuve LE VASSOR. | *La Rochelle, département de la Charente-Inférieure.* | Guadeloupe , Gra Terre. |
| BERRY-LA-BARRE ( Jean-Claude )... | *Nantes*............ | Saint-Domingue, qua du Borgne. |
| BERTIN ( Jean-Pierre )........... | *Paris*............ | Saint-Domingue. |
| BERTRE ( Marie-Victoire ), femme Michel-Jérôme BADEMER. | *Rouen, départem. de Seine-Inférieure.* | *Idem.* |
| BERTRE ( Anne-Pélagie ), v.e de Nicolas-Marie - Louis QUILLET, dit BLOS-SEVILLE. | *Honfleur , département du Calvados.* | Saint-Domingue, qua de Nippes. |
| BETOUZET ( Germain )........... Représenté par le C.en Roberteau. | *Commune de Sauveterre, département des Basses-Pyrénées.* | Saint-Domingue, qua du petit Goave. |
| BIRÉ ( Louis )................... | *Bordeaux*........... | Saint-Domingue , I trou. |

| NOMS ET PRÉNOMS DES COLONS. | COMMUNES OÙ ILS RÉSIDENT en France. | COLONIES OÙ SONT SITUÉES les propriétés. |
|---|---|---|
| ...ET ( Françoise - Élisabeth ), veuve ...RANDPRÉ. | Versailles. . . . . . . . . . | Saint-Domingue. |
| ...GAUD (Guillaume-Gabriel ). . . . . . .<br>Rayé de la liste par arrêté du Directoire, d.<br>11 frimaire an 5. | Marseille, département des Bouches-du-Rhône. | Idem. |
| ...LOTAU ( Charles ). . . . . . . . . . . . | La Rochelle. . . . . . . . . | Saint-Domingue, Port-au-Prince. |
| ...ANC ( Pierre-Symphorien ). . . . . . . . | Toulon. . . . . . . . . . . | Saint-Domingue. |
| ...AY ( Nicolas ). . . . . . . . . . . . . . | Hiersac, département de la Charente. | Saint-Domingue, rivière du Limbé. |
| ...CQUET ( Marie-Henriette-Rosalie ), ...mme WENSEL. | Paris. . . . . . . . . . . . | Sud de Saint-Domingue. |
| ...DAIN ( Élisabeth ), épouse du C.en Jean-...ouis NAUAILLS. | Pau, départem. des Basses-Pyrénées. | Saint-Domingue, montagne. Port-de-paix. |
| ...DIN ( Rose ), veuve Girard, actuelle-...ent remariée au C.en WALLU. | Commune de Puch, département de Lot-et-Garonne. | Saint-Domingue, petit Goave. |
| ...SGAUTIER-DESPERRIÈRES ( Louise-...ançoise ), veuve PEYRAC. | Paris. . . . . . . . . . . . | Saint-Domingue, quartier du Cul-de-sac. |
| ...SROND le jeune ( Louis-François ). . .<br>Mort législateur. | Idem. . . . . . . . . . . . | Saint-Domingue. |
| ...ISSEL ( Marie-Joseph ), épouse du C.en ...an-Baptiste-Louis MATMAZET DE ...AINT-ANDÉOL. | Canton de Villeneuve-de-Berg, département de l'Ardèche. | Idem. |
| ...SSIERE ( Isaac-Pierre ). . . . . . . . . | Champigny, canton de Charenton-le-Pont, département de la Seine. | Idem. |
| ...NAMI ( Marguerite-Catherine ), femme ...ves-Jean LECORRE. | Paris. . . . . . . . . . . . | Idem. |
| ...NNEGUISE ( Charles-Gracien ). . . . . | Hautefort, département de la Dordogne. | Saint-Domingue, quartier de Léogane. |
| ...NNEL ( Marie-Madeleine ), femme ...RANAL fils. | Clermont, département de l'Hérault. | Saint-Domingue, quartier de Jérémie. |
| ...NNEL ( Marie-Rose ), femme André ...UDIBERT. | Idem. . . . . . . . . . . . | Idem. |
| ...NNEL ( Marie-Henriette ). . . . . . . . | Idem. . . . . . . . . . . . | Idem. |

| NOMS ET PRÉNOMS DES COLONS. | COMMUNES OÙ ILS RÉSIDENT en France. | COLONIES OÙ SONT SITUÉ[ES] les propriétés. |
|---|---|---|
| BONTREMAIS (Charles)............... | *Brest, de présent à Paris..* | Saint-Domingue, quart[ier] du Dondon. |
| BORIN (Fidel-Amant-Constant)...... | *Paris...........* | Saint-Domingue. |
| BOSC (Jeanne), veuve du C.<sup>en</sup> DUCLA | *Bordeaux ..........* | Saint-Domingue, à l'A[r]tibonite. |
| BOUBERS (Marie - François - Nicolas), novice embarqué. | *Rochefort ..........* | Guadeloupe. |
| BOUBERS (feu François-Jerôme).... | *Brie-sur-Hières.........* | Guadeloupe, quartier [du] Lamantin. |
| BOUCHAUD (Louise-Julienne)...... | *Paris...........* | S.-Domingue, Gonaïv[es]. |
| BOUCHÉ (Marguerite), femme du C.<sup>en</sup> Charles-Jullen DATTIN. | *Chartres, départem. d'Eure-et-Loir.* | Saint-Domingue. |
| BOUCHÉ (Marie-Anne), femme du C.<sup>en</sup> François LAMBERT. | *Pont-Libre, département de Maine-et-Loire.* | Idem. |
| BOUCHÉ (Françoise-Élisabeth), femme du C.<sup>en</sup> Louis-Antoine FOUQUET. | *Paris...........* | Idem. |
| BOUCHET (feu Jacques-Jean-Baptiste).. En règle jusqu'à sa mort, qui est du 27 nivôse an 7. | *Canton de Prahec, département des Deux-Sèvres.* | Idem. |
| BOUDET (Guillaume)............ | *Nantes...........* | Saint-Domingue, à Sai[nt-]Marc. |
| BOUILLY (Jean-Nicolas)......... | *Paris............* | Saint-Domingue. |
| BOULLE (Pierre)............ | *Gemozac, département de la Charente-Inférieure.* | S. - Domingue, à Mo[r]ronis. |
| BOURDIÉ (Anne-André), v.<sup>e</sup> TILLOY, à présent femme LACARDONNEL. | *Bordeaux............* | Saint-Domingue, propr[ié]taire en maisons au Cap. |
| BOURDO-LAMILLIÈRE (Laurence-Léonide). | *Paris............* | Saint-Domingue. |
| BOUREAU (Pierre-Henri)......... | *Arcy, départ. de l'Aube..* | Saint-Domingue, quarti[er] du Port-au-Prince. |
| BOURJOLLY-SERMAIRE (Louis).... Un passe-port de l'ambassadeur de la République française près celle romaine. | ............ | Saint-Domingue, quarti[er] des Cayes. |
| BOURGEOIS (Claude-Jean-Laurent-Pierre), sapeur au 3.<sup>e</sup> bataillon, armée du Rhin. | *Béfort, momentanément....* | Saint - Domingue, Art[i]bonite. |

| NOMS ET PRÉNOMS DES COLONS. | COMMUNES OÙ ILS RÉSIDENT en France. | COLONIES OÙ SONT SITUÉES les propriétés. |
| --- | --- | --- |
| ...UTIER-SAINT-SERNIN (Jean).... | *Penne, département de Lot-et-Garonne.* | Saint-Domingue. |
| ...UVIER (François-Joseph), pharmacien ...e la marine. | *Lorient.............* | Saint - Domingue , port Républicain. |
| ...UVRANDE (Marguerite-Angélique), ...mme LEGESNE. | *Bordeaux...........* | Saint - Domingue , quartier de la Vallière. |
| ...YER ( Jean )...............* | | Guadeloupe. |
| ...YER ( Jean-Jacques )...........* | *Bordeaux............* | |
| Formant ensemble la maison de commerce de Bordeaux , sous la raison de J. J. Boyer frères. | | |
| ...YRIE ( Aimée-Félicité )........... | *Nantes..............* | Saint-Domingue, quartier de Léogane. |
| ...YRIE ( Aimée-Susanne ) , femme de ...EPELLEUX. | Idem,............... | *Idem.* |
| ...ANCAS ( Antoinette- Const.ce Louise-...andide ) , femme du C.en André-Marie ...INETY. | *Paris.............* | Saint Domingue. |
| ...ARD (Françoise-Rose), veuve Louis-...rédéric BEDÂNE. | *Angers............* | *Idem.* |
| ...EBAN ( Marie ) , femme du C.en Pierre CORNILLEAU. | *Saint - Varent, département des Deux-Sèvres.* | Propriétés non indiquées. |
| ...EBIER ( Marie-Barbe ) , f.e GARDON. | *Paris..............* | Saint - Domingue, Port-Républicain. |
| ...ECEY (Côme-Joseph )........... | *La Rochelle.........* | Saint-Domingue. |
| ...ION ( Marie-Adeline-Louise-Margue-...ite ) , femme du C.en Amant - Constant ...ILLARD. | *Paris.............* | Saint - Domingue , aux Gonaïves. |
| ...ISARD (Marie-Aimée), f.e QUERIT-COULAINE. | *Chinon.............* | Saint-Domingue. |
| ...ISARD ( Anne - Bibiance ), femme de ...ouis-Auguste BERLAYMONT. | *Nantes.............* | Saint-Domingue, quartier Morin. |
| ...ISARD ( Marguerite- Julie ) , femme ...UFRON-BLINIÈRE. | *Séez, département de l'Orne.* | *Idem.* |
| ...OSSARD-LA-POUPARDIÈRE (Jeanne), ...emme du C.en Jean LAGNEHAY. | *Clairac, département de Lot-et-Garonne.* | Saint - Domingue, Léogane, Nippes et Petite-Anse. |

BRULEY

| NOMS et PRÉNOMS DES COLONS. | COMMUNES OÙ ILS RÉSIDENT en France. | COLONIES OÙ SONT SITUÉES les propriétés. |
| --- | --- | --- |
| BRULEY (Prudent-Jean)............... | *Vouvray, départ. d'Indre-et-Loire.* | Saint-Domingue, quartier du Dondon. |
| BRUSLÉ-BAUBERT ( Jeanne-Françoise). | *La Rochelle*............ | Saint-Domingue, quartier de la Petite-Anse. |
| BUCHEY ( Gabriel-Louis )........... | *Paris*................. | Saint-Domingue. |
| BULLET ( Guillaume )............ .. | *Besançon , dép. du Doubs*.. | Saint-Domingue, quartier de la Marmelade. |
| BULLIOD-LA-CORÉE ( Melchior-Fr.<sup>ois</sup> | *Paris*.............. | Saint-Domingue. |
| BURDIN ( Marie – Elisabeth ) , femme Guillaume-Pierre-François DELAMARDELLE. | *Monnaye, dep. d'Indre-et-Loire.* | Saint-Domingue, quartier de la Croix-des-Bouquets. |
| BUTLER (Marie-Anne-Susanne-Rosalie), femme divorcée du C.<sup>en</sup> CORMIER. | *Paris*............. | Saint-Domingue. |
| BUTTET(Louise-Félicité), v.<sup>e</sup> FAUDOAS, | Idem.............. | *Idem.* |

## C.

| | | |
| --- | --- | --- |
| CABOT (Léonard)............... | Idem.............. | Saint-Domingue. |
| CAILLAU ( Éléonore), femme divorcée RABAR-BAUMALE. | *Libourne, département de la Gironde.* | S.-Domingue , à Maribarou. |
| CAILLAU-LA-FONTAINE (Jean-Bapt.). | *Laplume, départem. de Lot-et-Garonne.* | Saint-Domingue. |
| CAILLAUD (Catherine), v.<sup>e</sup> de Gabriel-Michel BAZIN. | *Mantes, départem. de Seine-et-Oise.* | *Idem.* |
| CALON ( Étienne-Nicolas )......... | *Paris*............. | *Idem.* |
| CALON ( Louise-Élisabeth ), femme de Jean-Charles PELLETIER. | Idem............. | *Idem.* |
| CANDIE ( Marie-Élisabeth ), femme divorcée du C.<sup>en</sup> Louis LAFAURIE. | Idem............. | *Idem.* |
| CANIVET ( Marguerite-Therèse), femme LABORIE, | *Perthes, départem. de Seine-et-Marne.* | *Idem.* |
| CANIVET (Nicolas-Sébastien)....... | *Rouen*............. | *Idem.* |
| CARSIN-LARENTE (Louis-Jean)..... | *Saint-Maixent, département des Deux-Sèvres.* | *Idem.* |

B

| NOMS ET PRÉNOMS DES COLONS. | COMMUNES OÙ ILS RÉSIDENT en France. | COLONIES OÙ SONT SITUÉES les propriétés. |
| --- | --- | --- |
| STELLANE ( Marie-Therèse-Joseph ), euve du C.en Philippe-Adrien-Joseph-hislain DE BERGHES. | Fontainebleau............ | Saint-Domingue. |
| VELIER (Élisabeth), v.e DOSMOND. | Orléans............. | Idem. |
| VIALE (Jeanne-Louise), veuve MON-AGUT. | Bagnères, departement des Hautes-Pyrénées. | Saint-Domingue, quartier du Borgne. |
| UVILLE (Jean)............ | Paris............. | Saint-Domingue. |
| ZALIS (André)............ | Mont-de-Marsan, département des Landes. | Saint-Domingue, au Borgne. |
| ZENAVE (Jeanne), femme Benjamain OULAIN. | Bordeaux........... | Saint-Domingue, quartier Sainte-Anne. |
| BERT (Marguerite), f.e DORNANT.. | Alençon, départ. de l'Orne. | Saint-Domingue, petite rivière. |
| LLON (Jean), dit Beauvillard..... | Saint-Germain-en-Laye... | Propriétés non indiquées. |
| SSELLES ( Jean-Antoine-Hugues).. | Paris............. | Saint-Domingue, Croix-des-Bouquets. |
| AILLOU ( Seréné-Pierre)........ | Épinal, canton de Montreuil, département de Maine-et-Loire. | Saint-Domingue, quartier du Fond, île aux Vaches. |
| AMPION (Marie-Franç.se-Charlotte), mme MASSIP. | Moissac, départem. du Lot. | Saint-Domingue. |
| AMPION (François-Edme)........ | Paris............. | Idem. |
| ANCEREL ( Cecile )........... | Pazanne, départ. de la Loire-Inférieure. | Idem. |
| ANCEREL (Victoire)........... | Idem............. | Idem. |
| ANCEREL ( Marie-Adélaïde), femme ALLAN. | Paris............. | Idem. |
| ANCEREL (Marie-Madeleine), femme ONTJALLARD. | Sébastien, département de la Loire-Inférieure. | Idem. |
| ANCEREL (Catherine), v.e du C.en ichel PORTIER-LANTIMO. | Nantes............. | Idem. |
| ARITTE ( Charles )........... | Lahaye, départ. d'Indre-et-Loire. | Idem. |
| ARRIER (Jean-de-Dieu)......... | Paris............. | Idem. |
| ASEAUX (Élisabeth-Catherine), femme SICAT. | Idem............. | Guadeloupe. |

| NOMS ET PRÉNOMS DES COLONS. | COMMUNES OÙ ILS RÉSIDENT en France. | COLONIES OÙ SONT SITUÉES les propriétés. |
| --- | --- | --- |
| CHASSAING (Jean-Baptiste)......... | *Bordeaux*............ | S.-Domingue, au grand Goave. |
| CHAUDRON (Rosalie), veuve du C.<sup>en</sup> Jean-Jacques VIDAL. | *Ribagniac, département de la Dordogne.* | Saint-Domingue, Port-au-Prince. |
| CHAURAUD (Pierre-Louis)......... | *Nantes*............ | S<sup>t</sup>.-Domingue, Léogane et Cul-de-sac. |
| CHAUSSÉ (Antoinette), femme du C.<sup>en</sup> Jean-Louis-Ruben PESTEL. | *Havre*............ | S.-Domingue, au Borgne de la Petite-Anse. |
| CHAUSSÉ (Françoise)............ | Idem............ | *Idem*, et à la Petite-Anse. |
| CHAUSSÉ (Florentin-Georges)...... | Idem............ | *Idem.* |
| CHAVENET (Barbe-Victoire), femme COQUILLON. | *Montpezat, département de Lot-et-Garonne.* | Saint-Domingue. |
| CHENOT (Antoine-Philippe)....... | *Paris*............ | La Guiane française. |
| CHEROT-LA-SATINIÈRE (Jean-Charles). | *Vailly, départem. de l'Aisne.* | Guadeloupe, Mancelini. |
| CHIROT (Gabrielle), veuve LACAY.. | *Tarbes, département des Hautes-Pyrénées.* | S.-Domingue, Jacquemel. |
| CHOLET (François-Armand)........ | *Paris*............ | Saint-Domingue. |
| CLAVERIE (Dominique). ........ | *Campan, département des Hautes-Pyrénées.* | Saint-Domingue, à Plaisance. |
| CLÉMENS (Jacques-Joseph-Félix-Angélique-Jean-Baptiste). | *Paris*............ | Propriétés non indiquées. |
| CLÉMENSON (Madeleine), femme du C.<sup>en</sup> Maximilien-Alexandre SAINT-ELM. | Idem............ | Saint-Domingue. |
| CLÉMENT (Claude)............ | Idem............ | *Idem.* |
| CLÉMENT (Antoinette-Françoise-Clémentine). | Idem............ | *Idem.* |
| CLÉMENT (Madeleine-Victoire).... | Idem............ | *Idem.* |
| COIROU (Marie), veuve du C.<sup>en</sup> Jean LEFEBVRE. | *Nantes*............ | *Idem.* |
| COLHEUX-LONGPRÉ (Franç.<sup>se</sup>-Marie-Susanne-Charlotte), femme CLÉMENT. | *Paris*............ | Propriétés non indiquées. |
| COLLOT (Jeanne-Louise), femme du C.<sup>en</sup> Severin LIÉNARD. | Idem............ | Saint-Domingue. |

| NOMS ET PRÉNOMS DES COLONS. | COMMUNES OÙ ILS RÉSIDENT en France. | COLONIES OÙ SONT SITUÉES les propriétés. |
|---|---|---|
| OLLOT ( Jacques-Joseph )......... | *Paris*.............. | Saint-Domingue. |
| ONILLE ( Françoise-Amable-Léger ), veuve BOISSONIERE. | Idem.............. | Saint-Domingue , Port-au-Prince. |
| OQUILLON (Jean-Charles )........ | *Montpezat, département de Lot-et-Garonne.* | Saint-Domingue. |
| ORNILLAUD ( feu Jacques )....... En règle jusqu'à son décès. | *Nantes*............. | Idem. |
| ORNILLAUD ( Marie - Charlotte ), f.e du C.en Jacques-François PARRON. | Idem.............. | *Idem.* |
| ORNILLAUD (Philippine-Susanne).. | Idem.............. | *Idem.* |
| ORNILLEAU ( Pierre ).......... | *Saint-Varent, département des Deux-Sèvres.* | Propriétés non indiquées. |
| ORTIAL (François)............ | *Beauvoir , département des Deux-Sèvres.* | Saint - Domingue , au Borgne. |
| OSTE (Marie-Rose), f.e DESBORDES.. | *Paris*............. | Saint-Domingue. |
| OTTES (Therèse-Rose), f.e MARLIANI. | Idem............. | *Idem.* |
| OUDÉ ( Louis-César )........... | *Pluvignes , département du Morbihan.* | Idem. |
| OUDOUGNAN ( Jean-Louis )....... | *Asnières, département de la Seine.* | Saint - Domingue , au Dondon. |
| OULOM ( Jean ).............. | *Cormeille , canton d'Argenteuil, département de Seine-et-Oise.* | Saint-Domingue. |
| OURADIN ( Jean-Baptiste-Pierre ).... | *Saint-Romain, département de la Seine-Inférieure.* | Idem. |
| OUR DE MANCHE ( Pierre-Claude).. | *Bordeaux*.......... | Guadeloupe , Grande-Terre. |
| OUSTARD (Pierre-François-Guy).... | *Paris*............. | S.-Domingue, quartier du Cul-de-sac de Léogane. |
| OUZARD ( Denis ), membre du corps législatif. | Idem............. | *Idem*, quartier des Cayes Saint-Louis. |
| OUZIER ( Angélique ), veuve du C.en Pierre-Paul MILLOT aîné. | *Havre*........... | *Idem*, Cap. |
| ORASSOUS(Marie-Olive), veuve du C.en Pierre-Jacques-Toussaint JACQUES. | *La Rochelle*.......... | *Idem*, au Mole. |

| NOMS ET PRÉNOMS DES COLONS. | COMMUNES OÙ ILS RÉSIDENT en France. | COLONIES OÙ SONT SITUÉE les propriétés. |
|---|---|---|
| CROISŒUIL-VERTEVOYE (Guillaume). | Chartres, départem. d'Eure-et-Loir. | Saint-Domingue. |
| CROISŒUIL - CHÂTEAU - RENARD ( Marie-Madeleine ), f.e CROISŒUIL-VERTEVOYE. | Idem. . . . . . . . . . . . . . | Idem. |
| CROISŒUIL ( Marie-Geneviève ), veuve du C.en Thomas JOLLIVET. | Paris. . . . . . . . . . . . . | Idem. |
| CROISŒUIL ( Marie-Joseph ). . . . . . . . | Paris. . . . . . . . . . . . . | Saint-Domingue. |
| CROISŒUIL - CHÂTEAU - RENARD ( Marie-Anne-Victoire ), veuve du C.en Frédéric-Dagobert-Gille STREGNARD. | La Roche-Guyon, département de-Seine-et-Oise. | Idem. |
| CROISŒUIL - CHÂTEAU - RENARD ( Marie-Thérèse ). | Idem. . . . . . . . . . . . . | Idem. |
| CROUY-CHANEL ( Claude-François ). . | Paris. . . . . . . . . . . . . | Propriétés non indiquée |
| CRUON ( Élisabeth-Catherine ). . . . . . . | Bordeaux . . . . . . . . . . . | Saint - Domingue, For Liberté. |

## D.

| NOMS ET PRÉNOMS DES COLONS. | COMMUNES OÙ ILS RÉSIDENT en France. | COLONIES OÙ SONT SITUÉE les propriétés. |
|---|---|---|
| DACOSTA ( Pierre-Jacques ). . . . . . . . . | Paris. . . . . . . . . . . . . | Saint-Domingue. |
| DACOSTA-LA-FLEURIAIS (Jean-Franç.). | Idem. . . . . . . . . . . . . | Idem. |
| DACOSTA - LA - FERONIÈRE ( Joseph-Yves. ) | Idem. . . . . . . . . . . . . | Idem. |
| DALBIS ( Gabriel ), dit Gissac . . . . . . . | Bordeaux . . . . . . . . . . . | Guadeloupe. |
| DALIGUET ( Jean-Baptiste ). . . . . . . . | Condom, départem. du Gers. | Saint-Domingue, Mira goane. |
| DAMBOISE ( Henri-Michel ). . . . . . . . | Damboise, départ. d'Indre-et-Loire. | Caïenne. |
| DANDASNE ( Pierre-Joseph ). . . . . . . | Havre . . . . . . . . . . . . | Saint-Domingue. |
| DANDOINS ( Jean-Armand ). . . . . . . . | Pau, départem. des Basses-Pyrénées. | Saint-Domingue, Croi des-Bouquets. |
| DANGLADE ( Joseph ). . . . . . . . . . . . | Bordeaux . . . . . . . . . . . | Idem, à Aquin. |
| DANGLADE ( Louis ). . . . . . . . . . . . . | Idem. . . . . . . . . . . . . | Idem. |
| DANSO ( Jean ). . . . . . . . . . . . . . . . | Montreuil-Bellay, département de Maine-et-Loire. | Guadeloupe. |

| NOMS ET PRÉNOMS DES COLONS. | COMMUNES OÙ ILS RÉSIDENT en France. | COLONIES OÙ SONT SITUÉES les propriétés. |
|---|---|---|
| ARNEVILLE (Louis-Thomas)........ | *Paris,............* | Saint-Domingue. |
| ARREYDOU ( Pierre )............ | *Pessac, département de la Gironde.* | Saint - Domingue , à la Croix-des-Bouquets. |
| ATTIN ( Charles-Julien )......... | *Chartres, départem. d'Eure-et-Loir.* | Saint-Domingue. |
| AUBUSSON (feu Pierre-Arnauld)..... | *Melle , départem. des Deux-Sèvres.* | Saint - Domingue, Léogane. |
| AUBUSSON ( Pierre-Raimond-Hector ). | *Passy , département de la Seine.* | Idem. |
| AUBUSSON (Pierre-Jacques-Alexandre-Hubert). | *Idem.............* | Idem. |
| AVID père ( François ).......... | *Saint-Fort, département de la Charente-Inférieure.* | Idem, grand Goave. |
| AVID fils ( François )........... | *Idem............* | Idm. |
| EBROC ( Charles-Gabriel)........ | *Ourcques , département de Loir-et-Cher.* | Saint-Domingue. |
| ECLERY-SERANS (Charles-François). | *Montjavoult , départem. de l'Oise.* | Idem. |
| ECOURT (Anne-Victoire-Émilie), veuve MARCLENE. | *Paris............* | Saint-Domingue. |
| E LA COURCIERE ( Marie-Jeanne-Marthe), veuve de DUBUT, et actuellement femme BOUVIER. | *Idem............* | Saint-Domingue, au Limbé ,dépendance du Cap-Français. |
| LAFONT ( Marguerite - Angélique), veuve d'Éloi-Michel GRIMPEREL. | *Idem.,...........* | Saint-Domingue , dépendance du Cap-Français. |
| LAHAYE ( Marie)............. | *Laval , département de la Mayenne.* | S.-Domingue, quartier de la Croix-des-Bouquets. |
| LAHAYE (Jean)............... | *Laval , département de la Mayenne.* | Saint-Domingue, quartier de la Croix - des - Bouquets. |
| LAHOUGUE-DES-BOSQUETS (Louise-Armande-Renée), | *Elbœuf, département de la Seine-Inférieure.* | Saint-Domingue, au Limbé , dépendance du Cap-Français. |
| LAHOUGUE-DES-BOSQUETS (Marie-Julienne-Augustine-Claire ), femme de Robert-Amand COLLET-VALDAMIERRE. | *Idem.............* | Idem. |

| NOMS ET PRÉNOMS DES COLONS. | COMMUNES OÙ ILS RÉSIDENT en France. | COLONIES OÙ SONT SITUÉES les propriétés. |
|---|---|---|
| DELAHOUGUE-DES-BOSQUETS (Marie-Anne-Denise), f.e Louis PERRAULT. | Elbœuf, département de la Seine-Inférieure. | Saint-Domingue, au Limbé, dépendance du Cap Français. |
| DELAHOUGUE-DES-BOSQUETS (Marie-Adélaïde), femme VINET. | Havre, département de la Seine-Inférieure. | Idem. |
| DE LA MOTTE (Marie-Élisabeth), veuve de Jean-Jacques Guillaume LECOUSTÉ. | Paris.............. | Saint-Domingue, quartier de la Grande-Rivière, dépendance du Cap-Français. |
| DELAUD (Jean)................ | Eymet, département de la Dordogne. | Saint-Domingue, quartier de Jérémie, département du Sud. |
| DELAUD (Marie), fille.......... | Lauzun, départem. de Lot-et-Garonne. | Idem. |
| DELAUD (Marie), veuve de Pierre BONNEFIN. | Idem.............. | Idem. |
| DE LA RIVOIRE (Pierre-Denis)..... | Bagneux, canton de Châtillon, département. de la Seine. | Saint-Domingue, entre la Petite-Anse et plaine du Nord. |
| DE LA VILLE (Victor-Marie)...... | Nantes.............. | Saint-Domingue, à Plaisance, quartier des Cayes Saint-Louis, et dans la ville des Cayes. |
| DELESRAT (Guy-Guillaume-François-René). | Angers, départ. de Maine-et-Loire. | Saint-Domingue, quartier de la Croix-des-Bouquets, Port-au-Prince. |
| DELOR (Jeanne), veuve MARCHERY, actuellement veuve DESMERITES. | Paris.............. | Saint-Domingue. |
| DELOYNES (Augustin-Louis)....... | Nantes.............. | Saint-Domingue, à l'Arcahaye et aux Grands-Bois. |
| DELOYNES (Louise-Catherine), veuve DESFONTENELLES. | Idem.............. | Idem. |
| DELOYNES (Jeanne-Rose-Augustine), femme DUBOUAYS. | Paris.............. | Idem. |
| DEMEYERE (Pierre-Henri)......... | Bordeaux.......... | Saint-Domingue, quartier de Jacquemel. |
| DEMONTS (Jean-Joseph).......... | Paris.............. | S.-Domingue, quartiers de Plaisance et Marmelade. |

| NOMS ET PRÉNOMS DES COLONS. | COMMUNES OÙ ILS RÉSIDENT en France. | COLONIES OÙ SONT SITUÉES les propriétés. |
|---|---|---|
| ENUCÉE ( Marie-Élisabeth-Margue-te ), f.<sup>e</sup> du C.<sup>en</sup> TOUZARD-DOLBEC, crétaire général de l'administration du anton du Valais. | Sion en Valais, république helvétique. | Saint-Domingue. |
| PÂRIS ( Charles-Antoine ). . . . . . . | Paris. . . . . . . . . . . . . . | Propriétés non indiquées. |
| PÂRIS ( Geneviève-Marguerite ). . . . | Idem. . . . . . . . . . . . . | Idem. |
| PÂRIS ( Adélaïde-Marg.<sup>te</sup>-Françoise ). | Idem. . . . . . . . . . . . . | Idem. |
| SAVENELLE ( Anne-Flore ). . . . . . . | Cergy, département de Seine-et-Oise. | Saint-Domingue. |
| SAVENELLE ( Jean-Baptiste-Louis ). | Idem. . . . . . . . . . . . . | Idem. |
| SBORDES ( Étiennette-Charlotte-Rose-Caroline ). | Paris. . . . . . . . . . . . . | Idem. |
| ESCHAMPS ( Marie-Françoise ), veuve EUDY. | Angoulême, département de la Charente. | |
| SCOUBLANT ( Gabriel-Claude ). . . . | Rennes, département d'Ille-et-Vilaine. | Caïenne. |
| ESESSARTS ( Marie-Catherine ), femme u C.<sup>en</sup> Henri-Michel DAMBOISE. | Damboise, départ. d'Indre-et-Loire. | Caïenne. |
| SMORTIERS ( René ). . . . . . . . . . . | Lyon, département du Rhône. | Saint-Domingue. |
| ESPALLIERES ( Bernard-Charles-Élisa-eth-Martin ). | Charenton-le-Pont, départe-ment de la Seine. | Idem. |
| ESSIRIER ( Jean-Claude-Paul ). . . . . | Paris . . . . . . . . . . . . | Idem. |
| ESTREMX ( Jean-Jacques ). . . . . . . . | Saint-Christol, départe-ment du Gard. | Idem. |
| HÉRICOURT ( Julie ), veuve BUTLER. | Paris . . . . . . . . . . . | Idem. |
| OLLE ( Marc ). . . . . . . . . . . . . . . . . , | Lyon, départ. du Rhône. . | S.-Domingue, à la Mar-melade. |
| ORLIC ( Marie-Catherine ), veuve du C.<sup>en</sup> Jean GAILLAU. | Castel-Jaloux, départ. de Lot-et-Garonne. | Saint-Domingue, Marl-barou. |
| OURNET-SIBLAS ( Jacques ). . . . . . . | Paris. . . . . . . . . . . . . | Saint-Domingue. |
| OUVILLE ( Quintille ), f.<sup>e</sup> JUSTON-ELLEVILLE. | Commune de Chartrette, canton du Châtelet, dép. de Seine-et-Marne. | Guadeloupe. |
| OUVILLE ( Adélaïde ). . . . . . . . . . . . | Idem. . . . . . . . . . . . . | Idem. |

DROUILLARD

| NOMS ET PRÉNOMS DES COLONS. | COMMUNES OÙ ILS RÉSIDENT en France. | COLONIES OÙ SONT SITUÉ les propriétés. |
|---|---|---|
| DROUILLARD (Marie-Jeanne), femme divorcée MALHERBE. | *Charenton-le-Pont, département de la Seine.* | Saint-Domingue. |
| DROUILLARD (Anne-Marie-Louise), v.ᵉ LONGPRÉ; à présent f.ᵉ divorcée du C.ᵉⁿ Jean-Nicolas CORVISARD. | *Commune de Paris .....* | Idem. |
| DUBASCOU (Louis).............. | *Lectoure, département du Gers.* | Idem. |
| DUBRA (Pierre)................ | *Baïonne, département des Basses-Pyrénées.* | Saint-Domingue, à Cale de Samedi, dé[par]tement du Fort-Libe[rté.] |
| DUBURGUA (Jean-Baptiste)........ | *Montpezat, département de Lot-et-Garonne.* | Saint-Domingue. |
| DUCESTRE (feue Anne-Marie), veuve LAPAILLETERIE. | *Fécamp, département de la Seine-Inférieure.* | |
| DUCOS (Sabine), f.ᵉ D'ARMAIGNAC.. | *Saint-Jean-de-Luz, départ. des Basses-Pyrénées.* | Saint-Domingue, A[rti]bonite. |
| DUDESIR (Marie), veuve ROUTIER.. | *Bordeaux............* | Saint-Domingue, P[ort-]Républicain. |
| DULAC-DE-CAZEFORT (Alexandre-Gilbert-Georges). | *Mantes, département de Seine-et-Oise.* | Saint-Domingue. |
| DUPLEIX-CADIGNAN (Jean-Baptiste). | *Condom, départ. du Gers.* | Saint-Domingue, quar[tier] de Jacmel. |
| DUPLESSY Daniel-Michel......... | *Bordeaux............* | Saint-Domingue, fond[à] l'île à Vaches. |
| DUPON (Jean-Pierre)............ | *Dayrançon, département des Deux-Sèvres.* | Saint-Domingue, au [quartier] de Sainte-Anne. |
| DUPOY (Marie-Rose-Françoise-Soline), épouse du C.ᵉⁿ Jean BOUTEJAC aîné. | *Bordeaux............* | Saint-Domingue, quar[tier] Bombarde. |
| DURAMÉ (Jacques-Nicolas)........ | *Meudon, département du Morbihan.* | Saint-Domingue, quar[tier] du Petit-Goave. |
| DURAND (Jean)................ | *Avignonet, département des Hautes-Pyrénées.* | Saint-Domingue, quar[tier] du Cap. |
| DUREAU (Charles-Laurent)........ | *Castres, département de la Gironde.* | Saint-Domingue, quar[tier] de Limonade. |
| DUREAU (Éléonore)............. | *Bordeaux............* | Idem. |
| DUROCHER (Hubert)............. | *Nantes, département de la Loire-Inférieure.* | Saint-Domingue. |

C

| NOMS ET PRÉNOMS DES COLONS | COMMUNES OÙ ILS RÉSIDENT en France. | COLONIES OÙ SONT SITUÉES les propriétés. |
| --- | --- | --- |
| USSAULT (Anne-Esther), veuve Louis AUBOYNEAU. | *La Rochelle, département de la Charente-Inférieure.* | S.-Domingue, au Petit-Trou. |
| UTOUR ( Étienne - Marc - Antoine - Richard ). | *Paris.* | Saint-Domingue. |
| UVAL ( Thérèse-Émérite ), épouse du C.<sup>en</sup> Jean-Baptiste LANDRIAN. | *Villers-lès-Nancy, département de la Meurthe.* | Saint-Domingue, quartier du Borgne. |
| UVERGER (Bonne-Hyacinthe) | *Bordeaux* | Saint-Domingue. |
| UVERGER ( Louise-Laurence ) | *Idem.* | *Idem.* |
| UVERGER ( Georges-Cath.<sup>ne</sup>-Eutrope) | *Idem.* | *Idem.* |
| UVERGER ( Pauline-Catherine ) | *Idem.* | *Idem.* |

### E.

| | | |
| --- | --- | --- |
| LIE (Louis) | *Bordeaux* | Saint-Domingue, Saint-Marc. |
| NARD (Dominique-Emmanuel) | *Paris* | Marigalante, quartier du vieux-Fort. |
| SMANGART (Charles-Hiacynthe) | *Claye, Seine-et-Marne* | Saint-Domingue. |
| STIENNE ( Marie - Flore - Eugénie ), épouse du C.<sup>en</sup> Louis - Philippe - Noël PILLAULT. | *Chartres, départ. d'Eure-et-Loir.* | Saint-Domingue, quartier de Jérémie. |
| VEN ( François-Ange-Stanislas ); commissaire de marine. | *Toulon.* | Saint-Domingue, quartier de l'Artibonite. |

### F.

| | | |
| --- | --- | --- |
| AUGERE (Ursule), femme du C.<sup>en</sup> Barthelemi GRACIA. | *Bordeaux* | Saint-Domingue, quartier petit Goave. |
| AURE (Louis), marin | *Paris.* | Saint-Domingue. |
| ISICAT (Jean-François) | *Idem.* | Guadeloupe. |
| LEURIAU-BELLEVUE ( Louis-Benjamin ). | *La Rochelle, département de la Charente-Inférieure.* | Saint - Domingue, Port-au-Prince. |
| LEURIAU ( Marie - Adélaïde ), femme Charles-Pierre PANDIN-ROMEFORT. | *Chaunay, département de la Vienne.* | Saint-Domingue. |

| NOMS ET PRÉNOMS DES COLONS. | COMMUNES OÙ ILS RÉSIDENT en France. | COLONIES OÙ SONT SITUÉ[es] les propriétés. |
| --- | --- | --- |
| FORESTIER (Pierre).............. | *Saint-Esprit, département des Landes.* | Saint-Domingue. |
| FORTIER (Françoise-Marie), veuve du C.<sup>en</sup> Armand-Nicolas MARSILLY. | *Moissac, département du Lot.* | *Idem.* |
| FORTIN (Jean-Joseph)........... | *Paris .............* | Saint-Domingue, quar[tier] du Port-au-Prince. |
| FOUCAULT (Michel)............ | *Canton de Saint-Amand, départ. de Loir-et-Cher.* | Saint-Domingue. |
| FOUCHER (Anne-Madeleine), veuve du C.<sup>en</sup> Louis-Michel CORNU. | *Nantes, département de la Loire-Inférieure.* | *Idem.* |
| FOUINET (Jean)................ | *Nantes, département de la Loire-Inférieure.* | Saint-Domingue, P[ort]-au-Prince. |
| FOUQUET, membre du corps législatif. | *Paris.* | |
| FOURÉ (Catherine), femme du C.<sup>en</sup> Victor PELLIER. | *Bourg-Saint-Andéol, département de l'Ardèche.* | Saint-Domingue. |
| FOURNIER (Angélique), veuve de Louis-Étienne DE LA RIVOIRE. | *Paris.* | |

## G.

| NOMS ET PRÉNOMS DES COLONS. | COMMUNES OÙ ILS RÉSIDENT en France. | COLONIES OÙ SONT SITUÉ[es] les propriétés. |
| --- | --- | --- |
| GABET (Madeleine-Élisabeth), veuve SOUVERBIE. | *Toulouse, département de la Haute-Garonne.* | Saint-Domingue. |
| GAIGNERON-JOLLIMON (Nicolas-Christophe). | *Bordeaux ...........* | Martinique, quartier Lamentin. |
| GAIGNERON-JOLLIMON (Jean-Baptiste). | *Idem.............* | *Idem.* |
| GALBAUD-DUFORT (Jean-Baptiste-René-César). | *Niort, département des Deux-Sèvres.* | Saint-Domingue, quarti[er] de L[é]ogane et de Jérém[ie]. |
| GALBAUD-DUFORT (Claire), veuve du C.<sup>en</sup> Pierre-Jacques COUSTARD. | *Paris ............* | Saint-Domingue. |
| GALLOT (Jean-Baptiste-Marie)...... | *Paris ............* | *Idem.* |
| GALLY (Rose-Franç.<sup>se</sup>), v.<sup>e</sup> HILLIARD, femme MOREAU. | *Chaumont, département de l'Oise.* | Saint-Domingue, au C[ap]. |
| GANIVET (Jean) ............... | *Pau, départ. des Basses-Pyrénées.* | *Idem.* |

| NOMS ET PRÉNOMS DES COLONS. | COMMUNES OÙ ILS RÉSIDENT en France. | COLONIES OÙ SONT SITUÉES les propriétés. |
| --- | --- | --- |
| ARREAU (Pierre)............... | *Nantes , département de la Loire-Inférieure.* | Saint-Domingue, Petite-Anse. |
| ASSIES (Simon)............... | *Bordeaux ............* | Saint-Domingue. |
| ATECHAIR ( Marie-Jeanne ), femme du C.<sup>en</sup> Jean-Julien MARTIN dit LA PLAZEDE. | *Canton de Guerande , dép. de la Loire-Inférieure.* | Saint-Domingue, Petite-Anse. |
| AULON ( Marie-Nicole), veuve de Jean-François LEMETAIS-MILON. | *Rouen , départ. de la Seine-Inférieure.* | Saint-Domingue, quartier de la Vallière. |
| AY ( Jean-Louis-Auguste )......... | *Saint-Hippolyte , département du Gard.* | Saint-Domingue. |
| ELAY jeune ( Martial )........... | *Limoges , département de la Haute-Vienne.* | Saint-Domingue, Port-Républicain. |
| IGAUX ( François-Germer )........ | *La Rochelle.........* | Saint-Domingue, quartier de l'Artibonite. |
| ILBERT (Marguerite), veuve de Joseph CORBIN. | *Rochefort , département de la Charente-Inférieure.* | Saint-Domingue. |
| INET ( Pierre).................. | *Pujols , département de Lot-et-Garonne.* | Saint-Domingue , au Dondon. |
| IRARD ( Pierre-Jean-Marie-Joseph ).. | *Puch , département de Lot-et-Garonne.* | Saint-Domingue , petit Goave. |
| IRARD (Donatille), femme LARUFFIE. | *Puch , département de Lot-et-Garonne.* | Saint-Domingue , petit Goave. |
| IRARD ( Susanne - Françoise ), femme PORTIER. | *Havre............* | Idem. |
| IRARD ( Catherine-Renée ), veuve du C.<sup>en</sup> Edme ROUANDIERE. | *Saint-Calais , département de la Sarthe.* | Idem. |
| IRARD ( Charles )............... | *Cerny , canton de la Ferté-Alais , département de Seine-et-Oise.* | Saint-Domingue , fond de l'île à Vache. |
| IRAULT ( Adélaïde-Victoire-Caroline). | *Paris............* | Saint-Domingue. |
| IRAULT ( Marie-Philippe-Auguste-César). | Idem............ | *Idem.* |
| ODEFROY (Georges )............ | *Anet, département d'Eure-et-Loir.* | Idem. |
| ODET ( Madeleine-Antoinette), femme LAMOLÈRE. | *Paris............* | La Guadeloupe et Saint-Domingue. |

| NOMS ET PRÉNOMS DES COLONS. | COMMUNES OÙ ILS RÉSIDENT en France. | COLONIES OÙ SONT SITUÉES les propriétés. |
|---|---|---|
| GORMAUD (Ursule), veuve VIGNIER. | Altona, en Basse-Saxe... | Saint-Domingue. |
| GOURRY (Jeanne), femme du C.<sup>en</sup> Louis BLOUIN. | Segonzac, département de la Charente. | Idem. |
| GOURRY (Élisabeth), femme du C.<sup>en</sup> Jean MERCERON. | Idem........... | Idem. |
| GOUVERNET (Jeanne-Marc), veuve de Claude MORLOT. | Bourbonne, département de la Haute-Marne. | Idem. |
| GOUVION (Jeanne-Victoire), veuve du C.<sup>en</sup> Jean NAU. | Paris........... | Idem. |
| GRAND (Michel)............. | Saint-Cyr, au Mont-d'or, département du Rhône. | Idem. |
| GRELEIN (Antoine)............. | Paris........... | Marigalante. |
| GRIMPREL (Blanche-Marie-Angélique-Charlotte), veuve du C.<sup>en</sup> Étienne-Augustin GRIMPREL. | Idem........... | Saint-Domingue, partie du Nord. |
| GRIMPREL (feu Éloi-Michel)....... En règle jusqu'à son décès. | Idem........... | Idem. |
| GUENETTE (Jacques), dit DESRUELLES. | Vendôme, département de Loir-et-Cher. | Saint-Domingue. |
| GUENETTE (Anne-Françoise), dite DESRUELLES. | Vendôme, département de Loir-et-Cher. | Idem. |
| GUERIN-DU-TAILLIS (Nicolas)..... | Carneille, dép. de l'Orne. | Idem. |
| GUERIN (Clothilde)............. | Idem........... | Idem. |
| GUERIN (Françoise), femme DUVAL.. | Idem........... | Idem. |
| GUERIN (Marie-Anne)............ | Idem........... | Idem. |
| GUERIN (Pierre)............... | Idem........... | Idem. |
| GUERIN (Martin-Mathieu)......... | Charenton-le-Pont, département de la Seine. | Idem. |
| GUILHEM aîné (Jean)........... | Bordeaux........... | Saint-Domingue, quartier du Port-Républicain. |
| GUILLAUDEU (Madeleine-Hyacinthe), femme divorcée CAZE. | Paris........... | Saint-Domingue. |
| GUILLEMAUT (Jean-François)....... | Saint-Malo, département d'Ille-et-Vilaine. | Saint-Domingue, quartier de l'Artibonite. |
| GUILLEMAUT-DESPECHERS (Auguste-Jean). | Idem........... | Idem. |

| NOMS ET PRÉNOMS DES COLONS. | COMMUNES OÙ ILS RÉSIDENT en France. | COLONIES OÙ SONT SITUÉES les propriétés. |
|---|---|---|
| ILLEMAUT (Marie-Modeste-Pauline), mme COUDÉ. | Pluvigny, département du Morbihan. | Saint-Domingue, quartier de l'Artibonite. |
| ILLEMAUT-BEAULIEU ( Marie-Françoise-Julie-Émilie ), v.e COLONA, à présent femme du C.en Jacques-Nicolas DURAMÉ. | Meudon, département du Morbihan. | Idem. |
| ILLEMAUT-BEAULIEU ( Pélagie-Jeanne ), femme du C.en François-Ange-Stanislas EVEN. | Nantes, départ. de la Loire-Inférieure. | Idem. |
| ILLEMAUT ( Bernardine-Françoise ), v.e de Pierre BOSSINOT-BELLISSUE. | Saint-Malo, département d'Ille-et-Vilaine. | Saint-Domingue. |
| ILLEMAUT (Jeanne), veuve de Pierre-Jacques LEGENTIL. | Idem. | Idem. |
| ILLEMAUT (Jeanne-Sophie ), veuve ALLÉS. | Meudon, département du Morbihan. | Idem. |
| ITAU le jeune (Marie-Vincent-Jean). | Rennes, département d'Ille-et-Vilaine. | Idem. |

## H.

| NOMS ET PRÉNOMS DES COLONS. | COMMUNES OÙ ILS RÉSIDENT en France. | COLONIES OÙ SONT SITUÉES les propriétés. |
|---|---|---|
| LLAYS (Jeanne-Marie). | La Tremblade, départ. de la Charente-Inférieure. | Saint-Domingue, Artibonite. |
| MART (Jeanne-Périne-Marthe), veuve Charles-Joseph de LUYNES-DES-ARREUX. | Paris. | Saint-Domingue, à l'Arcahaye et Grand-bois. |
| MON-SIVRAY ( Jean-Baptiste ). | La Flèche, département de la Sarthe. | Saint-Domingue, quartiers Artibonite et Maribarou, |
| MON-SIVRAY ( Françoise-Étienne-Prospère ), femme HAMON-SIVRAY. | Idem. | Idem. |
| ROUARD (François-Henri). | La Rochelle, département de la Charente-Inférieure. | Saint-Domingue, à la Petite-Anse. |
| ROUARD (Pierre-Étienne-Louis). | Idem. | Idem. |
| UCHECORNE ( François ). | Havre, département de la Seine-Inférieure. | Cayenne, canton de Normandie. |
| BERT ( Marie-Renée ), v.e de Benoît-Lambert-Robert COELS. | Marly, département de Seine-et-Oise. | Saint-Domingue. |

| NOMS ET PRÉNOMS DES COLONS. | COMMUNES OÙ ILS RÉSIDENT en France. | COLONIES OÙ SONT SITUÉES les propriétés. |
|---|---|---|
| HENRY ( Jean-Baptiste )............ | *Bordeaux* ............ | Saint-Domingue, à l'Artibonite. |
| HERBERT (Marie), v.ᵉ de Michel-Franç.-Claude-Marie-Edme MARCENAY. | *Paris.* ............... | Caïenne , quartier de Kourou. |
| HESSE ( Charles-François )........... | Idem................ | Saint-Domingue, au Port-Républicain. |
| HEUZEY (Jeanne-Barbe), veuve de Jean-Baptiste ROBLEIN. | *Troyes, départ. de l'Aube.* | Saint-Domingue. |
| HOOKE ( Guillaume-Séraphin )....... | *Paris* ............... | *Idem.* |

### I.

| | | |
|---|---|---|
| IMBAUT (Marie-Jeanne-Catherine).... | *Paris.* .............. | *Idem.* |

### J.

| | | |
|---|---|---|
| JACQUES ( Jeanne - Dorothée ), femme FAROLET. | *Paris.* .............. | Saint - Domingue , aux Cayes. |
| JACQUES ( feu Toussaint )........... En règle jusqu'à son décès. | Idem .............. | *Idem.* |
| JAMNET ( Arnaud )............... | *Justx , département de Lot-et-Garonne.* | Saint-Domingue. |
| JAMNET ( Gabriel)............... | Idem .............. | *Idem.* |
| JANIN (Louis)................. | *Toulouse , département de la Haute-Garonne.* | *Idem.* |
| JEUDY ( Marie-Françoise ), femme BERNARD. | *Angoulême , département de la Charente.* | |
| JEUDY ( Marie-Estelle-Thérèse )...... | Idem .............. | |
| JEUDY ( Marie-Marguerite-Adélaïde ).. | Idem. ............. | |
| JEUDY ( Marie-Marg.ᵗᵉ-Étienne-Julie ).. | Idem .............. | |
| JEUDY ( Marie-Rose )............. | Idem. ............. | |
| JOLLY-DUFAY ( Catherine )......... | *Arpaillargues , département du Gard.* | Saint-Domingue, Grande-Rivière. |
| JORGE ( Marie-Claudine ), épouse du C.ᵉⁿ PERISSE-DESSOURCES. | *Paris* .............. | S.ᵗ-Domingue, Gonaïves. |

| NOMS ET PRÉNOMS DES COLONS. | COMMUNES OÙ ILS RÉSIDENT en France. | COLONIES OÙ SONT SITUÉES les propriétés. |
| --- | --- | --- |
| JORGE (Claudine-Louise), épouse du C.<sup>en</sup> Jean-Baptiste-Mathieu MANDAVY. | *Pauillac, département de la Gironde.* | Saint-Domingue. |
| JOUFFREY ( Pierre)................ | *Saint-Aulaye , département de la Dordogne.* | Idem. |
| JUDE ( René-Louis)............... | *Bordeaux........* | Idem. |
| JUGE ( Louis-Antoine)............ | *Userches , département de l'Ardèche.* | Idem. |
| JUMEL (François)............... | *Darjuzane , département des Landes.* | Idem. |
| JUSTON-BELLEVILLE............ | *Châtelet , département de Seine et-Marne.* | Guadeloupe. |

## L.

| | | |
| --- | --- | --- |
| LABORDE-MERVILLE (Franç.-Louis-Joseph). <br> Acte émané du Consulat. | *Paris.............* | Saint-Domingue. |
| LABORDE fils (Alexandre-Louis-Joseph). | Idem............... | Idem. |
| LABOREL ( Auguste-Henri-Joseph ).. | *Saint-Tropez , département du Var.* | S.<sup>t</sup> Domingue, áu Limbé. |
| LABOREL (Marie Rose Fortunée), femme du C.<sup>en</sup> Jean-Louis CAUVIN. | Idem............... | Idem. |
| LABORIE ( Marie-Thérèse-Joséphine ), épouse du C.<sup>en</sup> Jean BARRÉ-SAINT-VENANT. | *Perthes , département de Seine-et-Marne.* | Saint-Domingue. |
| LACOMBE aîné ( Bernard )........... | *Bordeaux...........* | Idem. |
| LACROIX (Joseph)............... | Idem............... | Saint - Domingue , aux Cayes. |
| LAFARGUE ( Marie-Catherine ), veuve du C.<sup>en</sup> Jean GERDE, | *Nantes, départ. de la Loire-Inférieure.* | Saint - Domingue, grand Goave. |
| LA GAUTRAYE (Henriette), épouse du C.<sup>en</sup> Joseph-Aug.<sup>n</sup>-Bernard PEMERLE, | *Bordeaux..........* | Saint - Domingue , aux Cayes. |
| LAIGLE (Paul)................... | *Paris............* | La Guadeloupe. |
| LALLEMANT ( Marie - Aimée ), veuve ROCHEBLAVE, | Idem............... | Saint-Domingue. |

LALOUETTE

| NOMS ET PRÉNOMS DES COLONS. | COMMUNES OÙ ILS RÉSIDENT en France. | COLONIES OÙ SONT SITUÉES les propriétés. |
|---|---|---|
| LALOUETTE ( Jeanne-Louise-Marg.te ), femme RAINGEARD. | *Pessac, département de la Gironde.* | Saint - Domingue, Port-de-Paix. |
| LAMETH ( Augustin-Louis-Charles )... | *Coutay, département de la Somme.* | Saint-Domingue. |
| LANDRIAN ( Jean-Baptiste )......... | *Villers-lès-Nancy, départ. de la Meurthe.* | *Idem.* |
| LAROQUE ( François )............ | *Meaux, départ. de l'Oise.* | *Idem.* |
| LATAPY ( Arnaud )............... | *Budos, département de la Gironde.* | Saint - Domingue, Saint-Marc. |
| LATASTE ( Bernardin )............ | *Paris ............* | Saint-Domingue. |
| LECESNE ( Guillaume-Laurent )...... | *Bordeaux ............* | Saint-Domingue, quartier de Vallière. |
| LEMEILLEUR ( Marie - Marguerite ), veuve de Charles CHANCEREL. | *Pazanne, département de la Loire-Inférieure.* | Saint-Domingue. |
| LENEUF-LA-VALLIERE ( Charlotte ).. | *Paris ............* | Caïenne. |
| LE ROUX ( Marie-Sophie )........ | *Saint-Cloud ............* | Saint-Domingue. |
| LE ROUX ( Jean-Calixte )......... | *Paris ............* | *Idem.* |
| LE ROUX (Jeanne-Françoise), veuve du C.en Jacques-Jean-Baptiste BOUCHET. | *Prahec, département des Deux-Sèvres.* | *Idem.* |
| LIEGE ( Marie-Anne-Susanne ), veuve FLEURIAU. | *La Rochelle, département de la Charente-Inférieure.* | Saint - Domingue, Port-au-Prince. |
| LIMBOURG-STIRUM ( Marie-Joseph ), veuve de Joseph ARGENTEAU. | *Fraiture, département de l'Ourthe.* | Saint-Domingue. |
| LION (Catherine-Marie-Rosalie), femme du C.en Louis SARTORIS. | *Honfleur, département du Calvados.* | *Idem.* |
| LION ( Émilie-Anne-Pélagie), femme du C.en Jean-Benjamin LEMONNIER le j.o | *Idem............* | *Idem.* |
| LIÉGARD (François), général de brigade. | *Paris............* | *Idem.* |

## M.

| MALMAZET-SAINT-ANDÉOL (Jean-Baptiste-Louis). | *Paris ............* | Saint-Domingue, quartier de Rabul. |
|---|---|---|
| MANDAVY (Jean-Baptiste-Mathieu)... | *Pauillac, département de la Gironde.* | Saint-Domingue. |

D

| NOMS et PRÉNOMS DES COLONS. | COMMUNES où ils résident en France. | COLONIES où sont situées les propriétés. |
| --- | --- | --- |
| ...ARCHAL (Jeanne), v.<sup>e</sup> BEAUDOT.. | Bar-sur-Ornin, département de la Meuse. | Saint-Domingue. |
| ...ARCHERY ( Jeanne-Françoise )..... | Caudebec, département de la Seine-Inférieure. | Idem. |
| ...ARCHERY ( Jacques-Paul )......... | Idem............... | Idem. |
| ...ARCHERY (Louise-Adélaïde)...... | Idem............... | Idem. |
| ...ERCERON ( Marie-Agnès ), femme du C.<sup>en</sup> Jean-Baptiste HOSTIN. | Paris ............. | Idem. |
| ...ILSCENT ( Jules-Solime )......... | Idem .............. | Idem. |
| ...ILSCENT ( Élisabeth-Zulime)..... | Idem .............. | Idem. |

## P.

| NOMS et PRÉNOMS DES COLONS. | COMMUNES où ils résident en France. | COLONIES où sont situées les propriétés. |
| --- | --- | --- |
| ...ANDIN-ROMMEFORT (Charles-Pierre). | Chaunay, département de la Vienne. | Idem. |
| ...ARRAN ( Jacques-François )........ | Nantes............. | Idem. |
| ...ARTARIEU ( Pierre )............. | Paris............. | Marigalante. |
| ...AYSANT-MONTIGNY (Marie-Louise-Joseph), veuve de Jacques-Louis MIGNERON. | Idem............. | Saint-Domingue. |
| ...CAULT ( Julie-Catherine ), femme ...ASSAUZÉE. | Idem............. | Idem. |
| ...ELERIN ( Louis-Jean-Denis-Jacques-Joseph ), dit LA BUXIÈRE. | Bois-commun, département du Loiret. | Saint-Domingue, île à Vaches. |
| ...ELERIN (Étienne-Aug.<sup>tin</sup>), dit MAISON. | Idem............. | Idem. |
| ...ELERIN (Étienne-Jacques-Dominique), dit FRAUVERT. | Idem............. | Idem. |
| ...ELERIN-LIVERNIERE ( Marie-Barthelemi ). | Idem............. | Idem. |
| ...ELLIER ( Victor )............... | Saint-Andéol, département de l'Ardèche. | Saint-Domingue. |
| ...EMERLE ( Jacques )............. | Bordeaux ........... | Saint-Domingue, aux Cayes. |
| ...CAULT (Sophie), femme du C.<sup>en</sup> Jean-Baptiste DUBURGUA. | Montpezat, département de Lot-et-Garonne. | Saint-Domingue. |

| NOMS ET PRÉNOMS DES COLONS. | COMMUNES OÙ ILS RÉSIDENT en France. | COLONIES OÙ SONT SITUÉ[ES] les propriétés. |
|---|---|---|
| PIRON ( Jeanne - Élisabeth - Joachim ), femme du C.<sup>en</sup> DUVERGER. | Bordeaux . . . . . . . . . . . . . | Saint-Domingue. |
| POISSONNIER-PRULEY ( Louis-Joseph ). | Paris . . . . . . . . . . . . . . | Idem. |
| POUPARD ( Barthelemi ) . . . . . . . . . . . . | Idem. . . . . . . . . . . . . | Idem. |
| PROVENCHERE ( Émilie-Marguerite ), femme séparée de biens de MERAT. | . . . . . . . . . . . . . . . . . | Idem. |
| PROU-CHEVERREY ( Marie - Jeanne ), veuve DUPIN. | Idem. . . . . . . . . . . . . | Idem. |
| **Q.** | | |
| QUÉRIT-COULAINE ( Henri-Auguste ). | Chinon , départ. d'Indre-et-Loire. | Idem. |
| **R.** | | |
| REVEL ( Catherine-Eugénie ), femme du C.<sup>en</sup> Jean-Nicolas BOUILLY. | Paris . . . . . . . . . . . . . . | Idem. |
| REVERDY ( Arnaud-Laurent-Élisabeth ). | Idem. . . . . . . . . . . . . | Idem. |
| RIVIÈRE ( Françoise - Félicité ), veuve CAZA-MAJOR-GESTUS. | Bordeaux . . . . . . . . . . . . | Idem. |
| ROBERT-COËLS ( Pierre-Auguste-Jean-Joseph-Lambert. ) | Marly , département de la Seine. | Idem. |
| ROBERT-COËLS ( Zélis ) . . . . . . . . . . . . | Idem. . . . . . . . . . . . . | Idem. |
| ROBERT-COËLS ( Eugénie ) . . . . . . . . | Idem. . . . . . . . . . . . . | Idem. |
| ROUX ( Pierre ) . . . . . . . . . . . . . . . . | Paris . . . . . . . . . . . . . . | Idem. |

| NOMS ET PRÉNOMS DES COLONS. | COMMUNES OÙ ILS RÉSIDENT en France. | COLONIES OÙ SONT SITUÉES les propriétés. |
|---|---|---|
| **S.** | | |
| ENAVE (Jean-Sauveur), député au orps législatif. | .................... | Saint-Domingue. |
| En règle jusqu'à son décès survenu le.... | | |
| NSON (Joseph)................ | *Margency, canton d'Emile, départem. de Seine-et-Oise.* | S.-Domingue, aux Cayes, quartier des Cayes-Saint-Louis. |
| NSON (André)................ | *Courcheverny, canton de Cellettes, département de Loir-et-Cher.* | Idem. |
| NSON (Thérèse)............... | *Blois, département de Loir-et-Cher.* | Idem. |
| UR (Joseph-Alexandre)......... | *Paris...............* | Saint-Domingue, quartier du Cul-de-sac. |
| UR (Louis-Philippe)........... | *Sceaux-l'Unité, département de la Seine.* | Idem. |
| GNETTE (Henri)............... | *Paris...............* | Saint-Domingue, quartier de l'Artibonite. |
| GNETTE (Pierre-Henri)......... | *Trèves, département de la Sare.* | Idem. |
| GNETTE (Marie-Élisabeth)...... | *La Rochelle , département de la Charente-Inférieure.* | Idem. |
| GNETTE (Marie-Anne-Françoise), uve GRILLARD. | Idem............... | Idem. |
| GNETTE (Anne-Agathe), femme du en BRECEY. | Idem............... | Idem. |
| GNETTE (Félicité), femme GIGAUX. | Idem............... | Idem. |
| FLET-DULUBRE (Julie-Victoire), uve de Paul-Louis SEIGNETTE ESMARAIS. | *Château-Thierry, départem. de l'Aisne.* | Saint-Domingue, quartier de l'Artibonite. |
| HL (Pierre).................. | *Paris...............* | Saint-Domingue, quartier du Cap-Français. |

| NOMS ET PRÉNOMS DES COLONS. | COMMUNES OÙ ILS RÉSIDENT en France. | COLONIES OÙ SONT SITUÉ les propriétés. |
|---|---|---|
| SOHL (Françoise-Geneviève), femme de Barthelemi POUPARD. | *Paris.* | Saint-Domingue, qua du Cap-Français. |
| SOUVERBIE ( Jean-Jacques-Aubin )... | *Toulouse.* | Saint-Domingue. |
| **T.** | | |
| TAFFIN ( Isabelle-Françoise ), veuve de Louis-François BOISROND. | *Paris.* | *Idem.* |
| TILLEFERT (Fleurant)............ | *Nantes.* | Saint-Domingue, quar du Port-Républicai Saint-Marc. |
| TORTERUE-BONNEAU ( Jean-Henri ).. | *La Rochelle* | *Idem*, au Petit-Trou. |
| TORTERUE-BONNEAU fils (Jean-Louis). | Idem. | *Idem*, au Petit-Tr quartier de Nippes. |
| TREMBLAY (Rosalie), femme de Jean-Pierre BERTIN. | *Paris.* | *Idem*, quartier du P Républicain. |
| THOMAS ( Marie-Madeleine-Victore ), veuve RAYMOND-SAINT-SAUVEUR. | Idem. | *Idem*, quartier Arcah |
| **V.** | | |
| VAILLANT ( Marthe-Louise ), femme divorcée du C.en Michel-Guillaume VATEL. | *La Rochelle.* | Saint-Domingue, en ville du Cap-França |
| VIÉNOT ( Jean-Baptiste-Bernard ), dit-VAUBLANC. | *Caen.* | Saint-Domingue. |
| VILLARD (Catherine)............ | *Poisat, canton d'Eybens, département de l'Isère.* | Saint-Domingue, qua de Marmelade. |
| VILLARD ( Elisabeth )............ | Idem. | *Idem.* |

| NOMS ET PRÉNOMS DES COLONS. | COMMUNES OÙ ILS RÉSIDENT en France. | COLONIES OÙ SONT SITUÉES les propriétés. |
|---|---|---|
| VILLARD ( Marie-Laurence )........ | *Poisat, canton d'Eybens, département de l'Isère.* | Saint-Domingue, quartier de Marmelade. |
| VILLARS ( Henriette-Marie-Emilie )... | *Nantes............* | Saint-Domingue, près de Jérémie et à Saint-Marc. |

A Paris, le 26 Fructidor an 8.

*Vu et vérifié par le Conseiller d'état chargé spécialement des colonies.*

LESCALLIER.

*Vu par le Ministre de la marine et des colonies.*

FORFAIT.

*Le Chef de la division coloniale*, GUILLEMIN-VAIVRE.

*Nota.* Il sera fait une seconde liste supplémentaire des colons qui peuvent avoir omis de remplir les formalités nécessaires à l'époque actuelle, et qui se présenteraient en règle dans un temps limité.

A PARIS, DE L'IMPRIMERIE DE LA RÉPUBLIQUE.
Fructidor an VIII.

Contraste insuffisant

NF Z 43-120-14

9 782012 950665

# CHAPITRE I^er.

## DE L'UTILITÉ & DES AVANTAGES DES COLONIES DÉPARTEMENTALE SOUS LE RAPPORT MORAL, POLITIQUE & MATÉRIEL.

———

Au point de vue économique, coloniser l'Algérie par la fon
dation de quatre-vingt-six centres principaux de population
représentant les départements de France, est une gigantesqu
et généreuse entreprise, car elle tend : à accroître prompte
ment et dans une notable proportion la population de ce pays
déjà trop peu nombreuse pour consommer les production
agricoles qu'il peut rendre bientôt ; et à couvrir l'étendue d
son vaste territoire d'un nombre considérable de Colonie
Agricoles et Industrielles qui lui donneront la vie, l'activité e
la richesse d'une contrée européenne.

Au point de vue moral et humanitaire, convier chaque dé
partement à s'exonérer de l'exubérance de ses classes agrico
les et industrielles nécessiteuses, en les établissant sous so
nom, sous sa protection, sous son égide, sur un fertile con
tinent, que la Providence semble offrir tout exprès non loi
de la mère-patrie, à la condition d'y devenir chacun, de pro
létaire qu'il est, propriétaire d'un toit pour son abri, d'u
champ suffisant pour y trouver sa subsistance et d'y être mi
en possession d'un état d'aisance et de moyens de prospérité
est une idée éminemment morale et bienfaisante, car elle
pour but d'essayer et de contribuer, sans mesures coërcitives
et au contraire dans des conditions philantropiques, à réduir
sinon à éteindre le paupérisme en France.

Au point de vue politique, peupler le pays conquis par la France d'un nombre considérable de Français, est un moyen pour elle de s'assurer à jamais la possession de sa conquête. En face d'une population toute Française, nombreuse, compacte, occupant les points importants du pays, les parties les plus fertiles du sol, mise par le temps et la force des choses en contact de commerce et en communauté d'intérêts avec la race indigène vaincue, la soumission de celle-ci sera complète et à jamais assurée.

L'agglomération d'une population nombreuse et toute Française sur le territoire Algérien, ne sera-t-elle pas aussi un autre sujet de garantie de conservation de la conquête et une certitude qu'elle ne pourra tomber un jour facilement en la possession de l'étranger, si tant est que quelque puissance rivale, jalouse et intéressée, puisse encore avoir, à cet égard, une espérance ou une prétention? Ce n'est certainement pas pour qu'elle devienne un jour Turque ou Barbare, Espagnole ou Anglaise, que la France y sacrifie, depuis vingt et un ans, ses trésors et le sang généreux de ses enfants.

Cependant si, négligeant de considérer le nombre de la race indigène, l'accroissement des étrangers et notamment des Espagnols, le gouvernement de la France continuait à favoriser en Algérie l'établissement de ceux-ci, à l'égal de ses nationaux, en accordant aux premiers les droits de cité aussi bien qu'à ces derniers, n'y aurait-il pas à craindre que l'élément étranger finît un jour par y dominer, ou du moins y balancer les droits et la puissance des nationaux?

Ces réflexions, sur lesquelles personne encore ne semble s'être appesanti, sont livrées sans aucun esprit de critique ou de malveillance, à la sagesse des hommes qui dirigent les affaires et les destinées de la France, et aux amis de la conservation de l'Algérie.

Au point de vue de l'économie financière, le peuplement et la colonisation de l'Algérie sur une vaste échelle, permettront à la France de diminuer les lourdes charges que lui impose annuellement sa conquête, en réduisant l'effectif de l'armée d'occupation, sans compromettre la sûreté de la colonie, et même, dans un temps prochain, de s'affranchir entièrement de ses charges, en profitant des ressources de toute sorte que lui offre la mise en valeur du pays conquis, et en le soumettant, par ce qu'il produira alors, à tous les impôts qui doivent subvenir aux charges publiques.

Mais l'un des rapports les plus intéressants, sous lesquels doit être actuellement considérée la question du peuplement et de la colonisation de l'Algérie, par le versement du trop plein des classes malheureuses des départements, est, sans aucun doute, celui de la solution qu'il facilite du grave problême social qui occupe aujourd'hui plus vivement que jamais les économistes, les philantropes et les hommes d'état ; ce problême, c'est celui de l'extinction du paupérisme, et particulièrement de la plaie des Enfants-Trouvés.

En effet, l'exposé concis des faits et de la situation des deux pays, suffira pour démontrer la vérité de l'assertion.

L'Algérie, dont le vaste territoire peut être livré, pour une grande partie, à l'agriculture européenne, dont la fertilité du sol ne peut être mise en doute, dont les ressources agricoles, forestières, minéralogiques sont connues, l'Algérie, pourtant, reste inculte et inexploitée, faute de bras.

En France, au contraire, l'*exubérance* de la population ouvrière nécessiteuse, même de CELLE ADONNÉE A L'AGRICULTURE, la concurrence effrénée des industries qui s'adressent à nos principaux besoins, jettent au sein des masses le malaise et l'agitation, à tel point que des esprits ardents et philantropes y cherchent, dans un ordre de choses auquel ils donnent différentes qualifications socialistes,—telles que : Organisation du travail, Droit à l'assistance publique,—des remèdes à l'état de misère et presque de perturbation qui tourmente et écrase sous son fléau les classes laborieuses.

Or, si l'on observe ces deux situations anormales, n'est-il pas facile de voir dans le peuplement et la Colonisation de l'Algérie, le terme et le remède de chacune?

Nous sommes arrivés, en effet, dans l'ère de la Colonisation Algérienne, à un moment suprême où il n'est plus possible d'ajourner les développements qu'elle réclame depuis trop longtemps et de lui donner les instruments nécessaires pour accomplir l'Œuvre, sous peine de voir les premiers essais de son agriculture délaissés, la Colonie périr, en quelque sorte, d'inanition, et abandonnée par ceux-là même qui se sont attachés le plus jusqu'à ce jour, à son avenir, à sa fortune.

Et le moyen de résoudre la double difficulté se révèle dans un seul fait, nous le répétons, le peuplement et la colonisation de l'Algérie, avec les développements et les mesures protectrices qu'ils réclament.

La France trouvera, en Algérie, place pour ses prolétaires et ses classes nécessiteuses et inoccupées.

Son intérêt, comme son devoir, étant de soulager leur état de misère et de leur préparer la voie du bien-être matériel, la Colonisation de l'Algérie en offre évidemment le moyen facile.

Que la France donc y verse, d'abord, presque exclusivement une grande partie de ces familles infortunées qui, habitant les campagnes, en connaissent les rudes travaux ; et bientôt le sol conquis, livré aux mains de l'Agriculteur, se fécondera par son labeur ; les industries diverses viendront ensuite s'y fixer et y amèneront d'autres classes de travailleurs qui ne peuvent y trouver de l'occupation assurée que lorsque la Colonisation aura acquis un certain développement et produira.

Que chaque Département de la Métropole soit appelé, dans la mesure de l'*exubérance* de sa *Population Agricole*, à fournir son contingent de Colons, et, par ce moyen, l'Algérie deviendra une *Nouvelle France ;* car, en effet, de cette manière, se créera, sur le vaste Continent Africain, non loin de la Mère-

Patrie, une succursale qui en représentera les circonscriptions territoriales et se peuplera de ses citoyens.

L'agglomération des individus, par Département, a pour idée et pour but de réunir des hommes ou des familles déjà unis ou en rapport par des liens de voisinage, d'amitié ou de parenté, ou tout au moins, par une similitude de mœurs, d'habitudes ou d'idiômes, comme le sont, en général, les habitants d'un département entre eux, et de faire servir ces éléments de quasi-association à la prospérité des nouveaux établissements coloniaux qu'il s'agirait de fonder en Algérie ; et, en effet, cette conception semble devoir être un des plus favorables moyens de succès de la Colonisation Algérienne.

Les vices des premières Colonies Agricoles qui ont été fondées jusqu'à ce jour, vices qui n'ont pu échapper à personne, et que nous avons été à même d'observer, consistent précisément dans cette composition d'hommes d'origine différente et de professions entièrement étrangères à l'agriculture. Leur insuccès, dû à cette cause, est devenu à tort, pour quelques personnes, une négation de la possibilité de coloniser l'Algérie.

Ce mélange d'hommes, pris pour ainsi dire au hasard et dans les conditions les plus anormales, ne saurait concourir, avec l'ensemble nécessaire, à une entreprise qui, pour réussir, a besoin d'unité d'action ; ces hommes sans souvenirs communs qui les rapprochent, vivent pour ainsi dire isolés les uns des autres : ils manquent, par conséquent, d'entente, d'ordre et d'émulation ; ils s'abandonnent à l'égoïsme, cette plaie de toute association : le travail et la morale en souffrent également.

Les faits et l'expérience sont là pour témoigner de ces inconvénients.

Choisir les colons dans les grandes villes et parmi les ouvriers d'arts somptuaires, pour une entreprise qui a un caractère essentiellement agricole, c'est agir trop évidemment contre le but proposé.

Réunir des hommes étrangers les uns aux autres par les habitudes, le langage, pour fonder une colonie et former une communauté de travailleurs, c'est un louable essai d'un progrès désirable sans doute, mais qui comporte des difficultés, des lenteurs et des retards inévitables dans l'accomplissement d'une Œuvre dont il faut, au contraire, écarter les obstacles pour en obtenir un résultat plus prompt et plus certain; car ce résultat, pour être d'autant plus utile, veut être immédiatement apprécié.

On sait la diversité des usages et des habitudes des villageois appartenant aux contrées de la France, les plus éloignées les unes des autres : celui du Nord n'a aucune similitude d'être et de faire avec celui du Midi ; ainsi la répugnance que le cultivateur de chaque localité a à travailler autrement qu'on ne le fait dans son canton, par des procédés et avec des instruments autres que ceux qui y sont en usage, devient un véritable obstacle au succès d'une colonie agricole, formée de membres pris sur tous les points de la France.

Il résulte de ces différences notables qui existent dans la composition des Colonies déjà fondées, de regrettables inconvénients, dont le principal est presque l'impossibilité que les Colons s'entr'aident pour leurs travaux respectifs de culture.

Ainsi le but est manqué.

Dans les colonies à fonder par les départements, se trouveraient les avantages opposés à ces inconvénients.

Les Colons ou les familles d'un même département, réunis par les soins de l'Administration départementale, c'est-à-dire sous la même inspiration de vues et un protectorat commun, devront travailler ensemble avec des dispositions plus sympathiques ; à une origine en quelque sorte commune, se joindront souvent des relations préexistantes de voisinage ou d'affection entre les émigrants. Il en résultera une mutualité et une solidarité très favorables à la prospérité des Colonies.

Des hommes inconnus les uns aux autres et qui ignorent le

passé de chacun d'eux, comme cela est dans les agglomérations d'individus venus de pays divers, s'abandonnent plus facilement à la paresse et à l'inconduite ; mais au contraire, s'ils se connaissent, comme cela serait dans la constitution des Colonies Départementales, ils sont plus réservés dans leur conduite. Leurs familles ou leurs amis de France ne peuvent-ils pas apprendre leur bonne ou mauvaise vie, leurs succès ou leurs revers ? Quels motifs de retenue et même d'émulation !

Il résultera nécessairement de ces conditions une moralisation qui contribuera efficacement à la prospérité et à la perfection même des établissements fondés sur de telles bases.

Entre ces Colonies départementales, existera d'ailleurs un autre sujet d'émulation : on connaît l'amour-propre qu'apporte l'habitant rustique de chaque contrée à préférer et à vanter le mode et les moyens de culture qui y sont plus particulièrement en usage. Chacune de ces Colonies, jalouse de faire prévaloir sur telle autre les usages ou les méthodes agricoles de la partie de la France qu'elle représentera, travaillera avec plus d'ardeur à les mettre en honneur et à les faire adopter. Cette émulation venant à s'exciter ensuite dans les Comices Agricoles, dont la création et l'action viendraient bientôt naturellement se placer entre les Colonies, poussera vers les progrès, et alors l'agriculture algérienne, émule d'abord, pourra devenir un jour l'égale de celle de la mère-patrie.

A quels résultats, en effet, peuvent atteindre dans l'avenir ce concours et ce rapprochement de conditions diverses ?

Jusqu'ici, il n'a été question que de Colonies purement agricoles ; l'industrie, proprement dite, n'y a aucune part, si ce n'est par quelques artisans exerçant des professions indispensables aux besoins des habitants des Colonies, tels que maçons, serruriers, boulangers, bouchers, épiciers, charrons, forgerons, cordonniers, tailleurs. Sans contredit, la base de la colonisation est l'agriculture ; mais n'y aurait-il pas lieu, par certains départements dont la population est plus industrielle qu'agricole, de former des Colonies Industrielles?

L'exploitation des mines, des forêts-liéges, des gisements de marbres, de grès, de plâtre, de pierres, l'éducation des abeilles, des vers-à-soie, l'élève en grand des bestiaux, le triturage des olives et l'épuration des huiles de toutes sortes, la fabrication des savons, le lavage et la préparation des laines, une foule d'autres industries ne pourraient-elles pas être aussi l'objet de création de Colonies particulières, et en être l'aliment dans les localités qui présenteraient les conditions indispensables à leur établissement?

## CHAPITRE II.

### DES CONDITIONS NÉCESSAIRES A L'ÉTABLISSEMENT ET AU SUCCÈS DES COLONIES.

La principale condition du succès du mode de colonisation proposé est, sans nul doute, dans la constitution même des centres de population en agglomérations départementales de leurs habitants ; cependant, il est d'autres conditions que nous croyons devoir indiquer à l'attention et à la sagacité des amis de la Colonisation Algérienne, comme étant indispensables et devant contribuer efficacement au résultat désiré; telles sont : le choix des Colons, l'acclimatement des Colonies, le lotissement des territoires concédés par l'État, l'installation des émigrants, les ressources dont ils doivent être mis en possession, le défrichement d'une partie des terres concédées, le titre et les conditions des concessions qui leur seront faites, le régime sous lequel devront être placées les Colonies.

Ces conditions doivent être l'objet de quelques développements : elles sont exposées succinctement dans les paragraphes qui suivent.

*1. Choix des Colons.*

La faculté de rechercher et choisir les Colons devrait être laissée entièrement aux administrations départementales. Chacune d'elles, dans son ressort, est à même de juger du mérite et des droits de ceux qui solliciteront la faveur d'être admis dans les Colonies à fonder.

Cette faveur doit être un grand avantage pour celui qui en sera l'objet et devra être le prix de bonne vie et mœurs.

Fondée sur ce principe, la candidature devient un appât et le choix est une récompense.

Les Colons doivent être recherchés et choisis presqu'exclusivement parmi les habitants des campagnes adonnés aux travaux agricoles.

Il serait bien d'admettre de préférence des hommes jeunes et valides, car on ne doit pas se dissimuler qu'il faut rechercher des tempéraments robustes et vigoureux pour supporter les rudes travaux des champs sous le climat africain.

Les militaires, nés dans le département, ayant servi en Afrique et libérés, seraient d'excellents choix, en mettant pour condition d'admission le mariage immédiat, s'ils ne sont déjà mariés.

Les familles qui se composeraient d'enfants déjà en état d'être employés dans l'exploitation agricole seraient convenables surtout. Les enfants une fois acclimatés deviendraient de jeunes et vigoureux éléments de colonisation, et des instruments multiples de travail et de prospérité pour la famille elle-même.

Il faut viser au bien-être de l'ensemble de la Colonie, mais il ne faut pas perdre de vue qu'il a précisément pour base le bien-être individuel de chacun de ses membres.

Il conviendrait de n'exciter ou de n'encourager l'émigration des ouvriers d'art, d'arts vulgaires bien entendu, et de professions nécessaires aux besoins des centres de population, que dans une juste mesure.

## 2. *Acclimatement des Colonies.*

Par acclimatement des Colonies, il faut entendre le choix et l'emplacement du territoire sur lequel devra être établie la population de chacune d'elles, c'est-à-dire assimiler, autant qu'il sera possible, la nature du sol de la Colonie au sol du département fondateur. Ainsi placer, de préférence dans les plaines, les habitants des pays plats, les habitants des montagnes dans les montagnes et sur les plateaux élevés.

On divise la France en parties septentrionale, centrale et méridionale. Malgré la confusion des intérêts politiques et matériels des habitants de ces trois zônes et les efforts des hommes de progrès pour faire disparaître tout ce qui tend, en agriculture, à perpétuer ces distinctions climatériques, la force des choses et la routine l'ont emporté : elles forment encore aujourd'hui des différences marquées.

Il conviendrait peut-être, en reconnaissant les avantages que l'on en peut tirer, de diviser l'Algérie en trois zônes ou régions correspondantes, et d'y placer les colonies à former sous les zônes qui leur seraient propres ; en observant toute fois la convenance de la plaine ou des vallées aux uns, et des montagnes aux autres.

Ces divisions territoriales n'offriraient aucune difficulté d'application, car nous les trouvons pour ainsi dire toutes tracées, par la division de l'Algérie en trois provinces, dont chacune offre de vastes contrées susceptibles d'être mises en culture.

Suivant des renseignements qui paraissent exaets, les grandes superficies de la province d'Alger, peuvent seules être évaluées approximativement à quatre cent cinquante mille hectares au moins, sur lesquelles des colonies Européennes pourraient être fondées ; et pour ne citer que la plaine de la Mitidja, voisine d'Alger, il existe déjà vingt emplacements de centres de population, projetés sous l'administration de M. le comte Guyot, champion zélé de la colonisation civile, centres reliés par des tracés de voies de communications ou de routes ou chemins déjà en partie établis ; et les territoires de ces centres délimités ne forment encore qu'une moindre partie de l'étendue de la plaine.

Ces villages restés à l'état de projets, pourraient être d'autant plus facilement exécutés que les études et plans existent dans les mains de l'Administration et que les seules difficultés qui s'y sont opposées jusqu'à présent ne paraissent être que dans l'expropriation des propriétaires indigènes et Européens qui possédent tout ou partie des terrains compris dans les périmètres des communes projetées et qui ne cultivent pas ou ne cultivent qu'une très-faible partie de ces terrains.

Quelque grave que soit cette difficulté, elle ne saurait paralyser la Colonisation sérieuse. Pourquoi donc, en présence de l'inculture par les propriétaires actuels, le Gouvernement ne s'armerait-il pas des lois sur l'expropriation ? L'entreprise de la Colonisation et de la mise en valeur des terres, doit nécessairement l'emporter sur toute considération de fait ou de droit ; autrement il faut renoncer à faire de l'Algérie une seconde France.

Il conviendrait, en outre, de laisser toute liberté aux usages, aux habitudes et à la nature des cultures particulieres aux contrées quittées par les émigrants, tout en favorisant néanmoins la culture des productions appropriées au climat particulier de l'Algérie : or, voici ce qui en résulterait, sous le rapport purement agricole : que l'habitant du Nord cultiverait de préférence les plantes oléagineuses, le tabac, le lin ; celui du centre, la vigne, les vergers, le chanvre ; enfin, celui du midi la garance, le maïs, l'olivier, le mûrier.

2

Sous un autre rapport, le Colon transporté en Algérie avec sa famille, ses compatriotes, ses amis, ses préférences agricoles, n'éprouvera aucun changement, aucune altération dans ses habitudes, qui puissent lui inspirer la nostalgie et même le désir de retour en France. Ajoutez que, si on lui procure avec ces avantages un certain état de bien-être et l'espoir d'une aisance future, il s'attachera dès-lors au sol algérien, à sa nouvelle patrie, à la commune dont il sera l'un des fondateurs, avec cette force et cette reconnaissance qui lient l'homme au bienfait.

### 3. *Lotissement des Territoires.*

L'état devra mettre à la disposion des départements l'étendue de terrain nécessaire à l'établissement des colonies, selon l'importance connue ou présumée que chacune devra avoir.

Nul obstacle sérieux ne paraît devoir s'opposer aux mesures que le gouvernement est fondé à prendre pour réaliser la grande œuvre de la Colonisation Algérienne, et en quelque sorte le partage du Territoire Colonial, entre les Départements.

L'exécution de cette mesure principale ne semble-t-elle pas en effet reposer sur une sorte de loi naturelle qui attribuerait à chaque Département une part proportionelle du sol conquis par les armes nationales?

Mais à quelles conditions les Départements pourraient-ils devenir propriétaires, détenteurs ou concessionnaires des territoires qui leur seraient affectés : c'est là un point qu'il ne nous appartient pas d'examiner. Hasardons cependant une idée : ce ne pourrait-il pas être dans les formes d'une donation gratuite, au profit des hospices et des pauvres du Département, avec faculté d'aliéner par parties qui ne pourraient excéder une certaine superficie? Ce devrait être toutefois en vertu d'une grande et solennelle mesure du pouvoir législatif qui consacrerait en principe le partage dont il vient d'être question et qui ne lui imposerait d'autre obligation que celle d'établir en Algérie des familles nécessiteuses d'agriculteurs, dans un temps déterminé, en raison des circonstances et des difficultés d'exécution.

Entre le département mis en possession d'un territoire, et le colon appelé à participer au peuplement de la Colonie, il interviendrait un contrat par lequel, en lui concédant une fraction de territoire, l'Administration Départementale devra stipuler des conditions d'occupation et de mise en culture, sous peine de retrait de la concession.

Chaque Colonie Départementale pourrait se diviser en plusieurs centres de population, villages ou hameaux.

Le territoire du village serait fractionné par lots dans la proportion du nombre de familles ou de Colons à y établir.

L'on suppose que le village ou la commune, se composera en moyenne de cent familles, chacune de cinq personnes, compris femmes et enfants ; soit au total, pour chaque village, 500 personnes.

L'on proposerait de diviser le territoire ainsi :

Pour chaque famille, un lot de ville de 8 ares pour bâtiments et jardins, et un lot rural de 8 hectares de terres labourables, soit au total de 808 hectares, ci.    808 h. 00 c.

Réserve à lotir et à distribuer ultérieurement et pour pâturages communaux, cent soixante-quinze hectares. . . . . .    175    00

Un lot rural de deux hectares affectés à la gendarmerie, ci . . . . . . . . .    2    00

Un lot rural à la cure . . . . . . . . . . .    2    00

    id.     à l'instituteur ci . . . . . . .    2    00

    id.     à un médecin, ci . . . . . . .    2    00

Superficie du cimetière, ci . . . . . . . . .    1    00

    id.  des rues, places, fossés d'enceintes, boulevards, établissements publics, ci . . . . . . . . . . . . . . .    8    00

                  Total . . . . . .    1,000    00

L'on pense qu'il conviendrait généralement de porter, pour chaque famille, le lot de ville à 8 ares et le lot rural à 8 hectares, afin de lui donner, d'une part, l'emplacement nécessaire à ses habitants et ceux pour le logement de ses bestiaux et dépendances accessoires, de manière à permettre un agrandissement ultérieur, et d'autre part, une étendue de terre supputée en raison d'une exploitation agricole susceptible de fournir du travail, mais aussi des ressources suffisantes, pour une famille qui se composerait de cinq personnes.

### 4. *Installation des Colons.*

Les émigrants devant être choisis parmi les familles déshéritées de la fortune, seront dépourvus généralement de ressources pécuniaires, ou du moins n'en posséderont que de très-modiques ; ils ne sauraient donc subvenir aux frais de leur transport en Algérie, aux dépenses de constructions, d'achats de bestiaux, d'instruments aratoires, de semences nécessaires à leur établissement.

Or, il devra y étre pourvu par l'Etat ou par le Département Colonisateur.

Transportés en Algérie gratuitement, ils y seront immédiatement mis en possession de leurs lots respectifs.

Le lot de ville devrait se composer d'une maison d'habitation et d'un hangar, ou écurie construite d'après tel plan qu'il conviendra *au Département Fondateur* d'adopter, suivant les ressources en matériaux que pourront présenter les localités, et les études et devis qu'il aura fait faire sur les lieux.

### 5. *Défrichement d'une partie du Lot de Terre concédé à chaque famille.*

Un des plus sérieux obstacles que la colonisation et les Colons en particulier ont à surmonter, c'est le défrichement

des terrains propres à être mis en culture, là où le sol es[t]
couvert de palmiers nains ou de broussailles.

Cette opération est difficile, pénible, coûteuse, disons mieux
ruineuse pour ceux à qui l'Etat concéde des terrains qu'il fau[t]
arracher par elle à l'inculture; beaucoup de colons y succom[-]
bent à la peine. C'est une entreprise impossible pour le Colo[n]
dépourvu de ressources autres que celles de ses bras; s'il n'[a]
qu'eux pour y subvenir au début, la première année est pou[r]
ainsi dire perdue pour lui.

Qu'adviendra-t-il alors ? Dépourvu de ressources au com[-]
mencement de son installation, sans produits à l'époque ou i[l]
devait faire sa première récolte, comment lui et sa famill[e]
subsisteront-ils ? En butte à toute sorte de privations, le cha[-]
grin, le découragement, les maladies l'assailliront peut-être
heureux si, dans ce concours de misères, il ne perd pas la vi[e]
ou quelqu'un des siens !

Mais, objectera-t-on, est-ce qu'il ne faut appeler ici que les Co[-]
lons en état de pourvoir aux nécessités de l'entreprise, ne concé[-]
der le sol qu'à ceux qui ont des ressources suffisantes pour l[e]
mettre en valeur ? Erreur, illusion ! Celui qui en France pos[-]
séde quelque chose comme un petit patrimoine, ou du trava[il]
assuré pour lui et sa famille, ne viendra pas, sauf quelque[s]
rares exceptions, demander une position, même en expectativ[e]
meilleure, ou des moyens de vivre, aux landes immenses qu[i]
couvrent encore une grande partie du sol de l'Algérie.

L'opération préalable des défrichements est donc indispen[-]
sable au succès de la Colonisation par le Colon nécessiteux, l[e]
seul qui ose braver le soleil brûlant d'Afrique et les difficulté[s]
de la mise en culture du sol, et encore parce que, las de s[a]
position misérable, il est tenté par l'appât d'un bien-être futu[r]
qui ne peut en effet lui manquer, s'il est mis en état, par le[s]
ressources et les moyens qui viennent d'être énumérés, d[e]
concourir à l'œuvre laborieuse de la Colonisation.

Si donc la Colonie est établie sur un terrain vierge de cul[-] ture, obstrué de broussailles, on devra défricher une partie du lot rural concédé au Colon, si l'on veut donner à son entreprise agricole la condition de vitalité nécessaire et, par suite, assurer une complète prospérité aux Colonies.

Mais quelle sera la quantité de terrain qu'on devra défricher ?

Qui devra pourvoir aux nécessités et aux dépenses de l'opération ?

A la première question, il peut être répondu qu'en évaluant l'étendue des terres immédiatement cultivables, nécessaires aux besoins d'une famille de cinq personnes et à la subsistance des animaux employés à l'exploitation, on peut, sans exagération, fixer une superficie de quatre hectares, dont deux pourront être ensemencés en blé, un en orge, l'autre, partie en maïs et partie en légumes à consommer en vert et à conserver secs pour provision du reste de l'année.

Le Gouvernemeut, dans sa généreuse sollicitude pour la colonisation, peut rendre la solution de la seconde question facile. Par suite des difficultés assez communes de l'opération et des dépenses qu'elle nécessite, il peut seul l'entreprendre utilement et économiquement par l'armée d'occupation. Elle a opéré déjà d'assez grands travaux de cette nature pour que le Gouvernement ne recule pas devant la nécessité de l'employer encore à en entreprendre d'aussi considérables, en vue d'imprimer à la colonisation les développements qu'elle réclame. N'a-t-il pas donné récemment une preuve de cette sollicitude et de ses dispositions à cet égard, en autorisant l'emploi et le concours de l'armée pour effectuer les défrichements dans les nouveaux villages ?

Au reste, toutes les localités ne nécessitent pas la difficile opération du défrichement, c'est-à-dire de l'extraction de palmiers et de broussailles. Beaucoup de territoires qui comprennent l'emplacement d'anciennes tribus abandonnées, n'exigent que de profonds labours à la charrue, pour être cu état de culture, et ces travaux doivent être laissés à la charge des colons.

### 6. *Titre et conditions auxquels devront être faites, aux Colons, les Concessions des Lots.*

Les conditions auxquelles les départements devraient faire concession de lots dans les colonies à fonder, seront sans doute réglées par les administrations départementales, sur les bases qui leur paraîtront les plus convenables ; mais, qu'il nous soit permis d'en indiquer quelques unes qui nous paraissent utiles.

L'homme en général ne consent à quitter son pays natal ou d'adoption, à se séparer de ses parents, de ses amis, que par l'appât d'un avantage qui lui est offert loin d'eux et d'où peut dépendre son bonheur.

Les avantages dont le colon serait mis en possession par la concession d'une maison, de terres, de bestiaux, sont déjà grands, sans doute, pour l'engager à y participer ; mais la pire de toutes les conditions, c'est l'incertitude du titre en vertu duquel on doit jouir ou posséder. Les titres provisoires de concessions ont ce caractère d'incertitude ; il conviendrait donc d'aliéner par titre définitif tout d'abord et en suivant les règles ordinaires des contrats.

Avec ce titre certain, la propriété est dès lors fixée dans les mains du concessionnaire et elle perd son caractère précaire qui la déprécie et la discrédite dans les mains du concessionnaire provisoire.

L'aliénation à titre onéreux serait préférable à la donation gratuite. Cette aliénation pourrait avoir lieu moyennant un prix minime, payable à longs termes, ou converti, par exemple, en vingt ou trente annuités, ou en une redevance annuelle et perpétuelle, le tout au profit des hospices et des établissements de bienfaisance du département vendeur ou bailleur.

Ce mode est fondé sur un sentiment de justice et d'équité ; il ne serait pas juste d'employer à fonds perdu les sommes que le département pourrait affecter à la création d'une colonie en Algérie, à favoriser et à enrichir un certain nombre de familles pauvres de préférence à celles que les limites des ressources départementales ne permettraient pas d'admettre au nombre des colons. Les avances seront considérées comme un simple prêt, le remboursement comme une restitution.

Or, d'après ces données, l'obligation du remboursement d'un capital, ou le paiement d'une rente annuelle stipulée en faveur des hospices ou des pauvres du département, n'aurait donc rien d'incompatible avec le but et la moralité de l'œuvre ; au contraire, celle-ci, combinée ainsi, concourrait par deux voies à la fois au soulagement des personnes malheureuses à la charge du département, tant celles restées attachées au sol que celles admises au bénéfice de l'émigration.

Cette combinaison nous paraît réunir les avantages d'une bonne action, sans léser les intérêts des contribuables.

Quelles que soient, au reste, la nature et la forme du contrat d'aliénation ou de concession à consentir en faveur des colons, il conviendrait d'y stipuler l'interdiction temporaire d'aliéner leurs lots et le matériel qui en dépendrait, de leur imposer l'obligation de défricher, par eux-mêmes, un demi-hectare au moins par chaque année, de planter un certain nombre d'arbres fruitiers ou forestiers. La condition résolutoire y serait formulée, pour le cas d'inexécution des conditions principales.

Tout ce qui vient d'être dit s'applique aussi bien à la partie immobilière de la concession qu'à la partie mobilière, c'est-à-dire aux bestiaux, instruments, semences qui seraient déclarés immeubles par destination.

### 7. *Régime administratif et judiciaire des Colonies.*

La constitution des colonies départementales en communes

sous le régime municipal qui existe en France, et l'établissement des tribunaux civils ordinaires pour juger leurs différends, rassurerait les émigrants sur la législation qui devra les régir dans leur nouvelle patrie.

Le droit commun de la France doit les y suivre et y être leur règle et leur égide.

# CHAPITRE III.

### DES SEULES DIFFICULTÉS D'EXÉCUTION DES COLONIES DÉPARTEMENTALES.

L'établissement des colonies départementales rencontre, comme toutes les choses utiles, quelques difficultés d'exécution ; ce sont celles :

1º De l'attribution ou de la délivrance d'une part du territoire algérien à chaque département ;

2º De l'expropriation préalable des indigènes ou Enropéens qui posséderaient des terres comprises dans les périmètres des emplacements des colonies ;

3º De l'importance des dépenses que leur établissement et leur installation exige, et des moyens d'y pourvoir.

Nous allons essayer, néanmoins, de démontrer succinctement que ces difficultés n'ont rien de réellement sérieux.

*1º Délivrance des Terres.*

L'attribution, la concession ou donation (suivant le mode qui peut être adopté par le pouvoir compétent), d'une part du territoire conquis, à chaque département, loin de contrarier quelque principe, repose en fait et en droit sur une base équitable et paternelle : c'est, en quelque sorte, le patrimoine commun partagé entre les ayant-droit, par le père de famille.

Cette manière nouvelle d'envisager le principe des concessions en Algérie peut paraître singulière, excentrique peut-être, mais elle n'en est pas moins fondée sur une règle de justice et d'égalité, contre laquelle nulle autre objection qu'une nécessité politique et gouvernementale ne saurait être raisonnablement faite.

Quant à l'étendue des terres nécessaires à l'emplacement de quatre-vingt-six Colonies, nous l'avons déjà dit : de vastes superficies incultes existent dans les trois provinces, et seraient, tout le monde le sait, plus que suffisantes pour cette destination.

### 2° *Expropriation des possesseurs.*

L'expropriation des possesseurs actuels des terres peut offrir quelques difficultés à résoudre, mais elles doivent céder devant la raison politique et morale du développement et de l'extension de la colonisation française.

« Qui veut la fin veut les moyens. »

Si le gouvernement veut sérieusement la conservation et la colonisation du pays conquis, et l'on ne saurait en douter, il ne doit, il ne peut hésiter, en présence du flot des idées de colonisation qui le presse et le pousse en avant, d'user du droit d'expropriation pour cause d'utilité publique, à l'égard des détenteurs d'espaces de terrains maintenus en état d'inculture, ou trop vastes, qui gêneraient l'établissement des Colonies ; car jamais cause ne fut, en effet, plus juste et plus utile à la chose publique, que le mode de colonisation par départements.

Quant aux indigènes, rien n'empêche de ménager autant que possible les propriétaires ou les tribus dépossédés, en restreignant l'étendue souvent exagérée de leurs territoires dans les parties colonisables et en les intercalant, eu quelque sorte, dans les colonies, de manière à préparer et à tenter, par un contact continuel avec la population coloniale, une fusion, sinon de mœurs, du moins d'intérêts.

En second lieu, cette mesure d'expropriation peut, par prudence, ne pas être exécutée spontanément sur tous les points à la fois, afin de ne pas provoquer de collisions avec les tribus.

Quant aux propriétaires européens, ils connaissent les lois d'expropriation et sont soumis à leurs conséquences ; dépossédés à la condition d'une juste indemnité, ils n'ont rien à objecter.

D'ailleurs, il serait facile de concilier leur intérêt particulier avec l'intérêt général de la colonisation, en leur laissant tout ou partie des terres qui leur appartiendraient et qui seraient comprises dans les territoires des colonies, à la charge de les livrer à la culture.

**CŒUR DE ROY,**

*trésorier de la société d'agriculture, négociant, juge au tribunal de commerce, membre du conseil municipal d'Alger et du bureau de bienfaisance.*

FIN.